第三爰弃四章 趣好小兒柳堯舜
宋禹海浮子光葵通光枢恩郑洛心
冯露空宫龙文章完生唇编马张苍
贺喜澄道王程史信宅仲皇奸舜古
突夫名陈元如韩婉庶
第四林宫闲柏杜杨长富贵李平棠萧
究祖巫家渓樊隹头崔孝襄姚
冯杨艺家立薛缘寒弟邢奶
朱男弟况乃长祝慈荫云世妙庞
贵奏臻士染甲长博好苑建毫茵
雝喜

五月六日

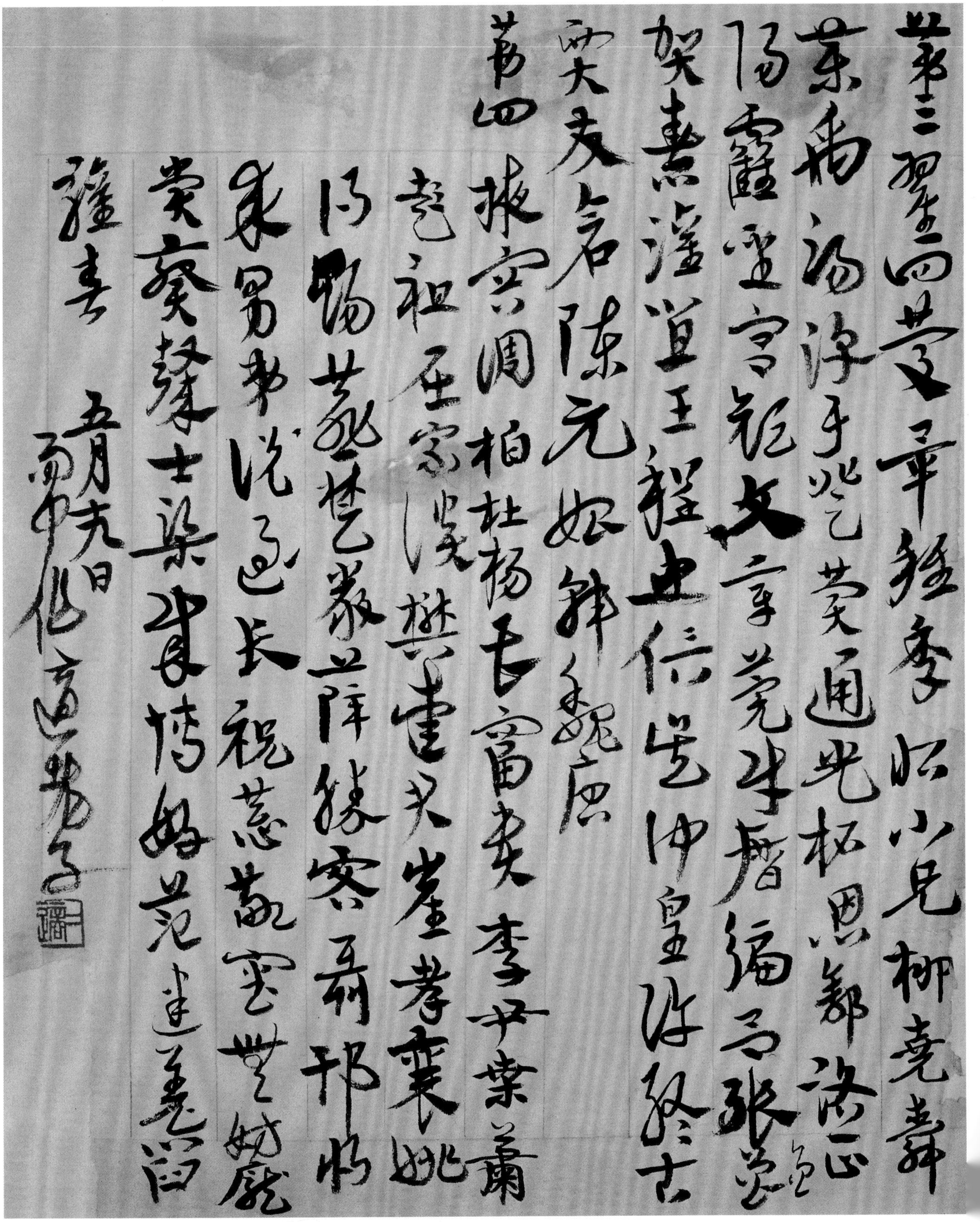

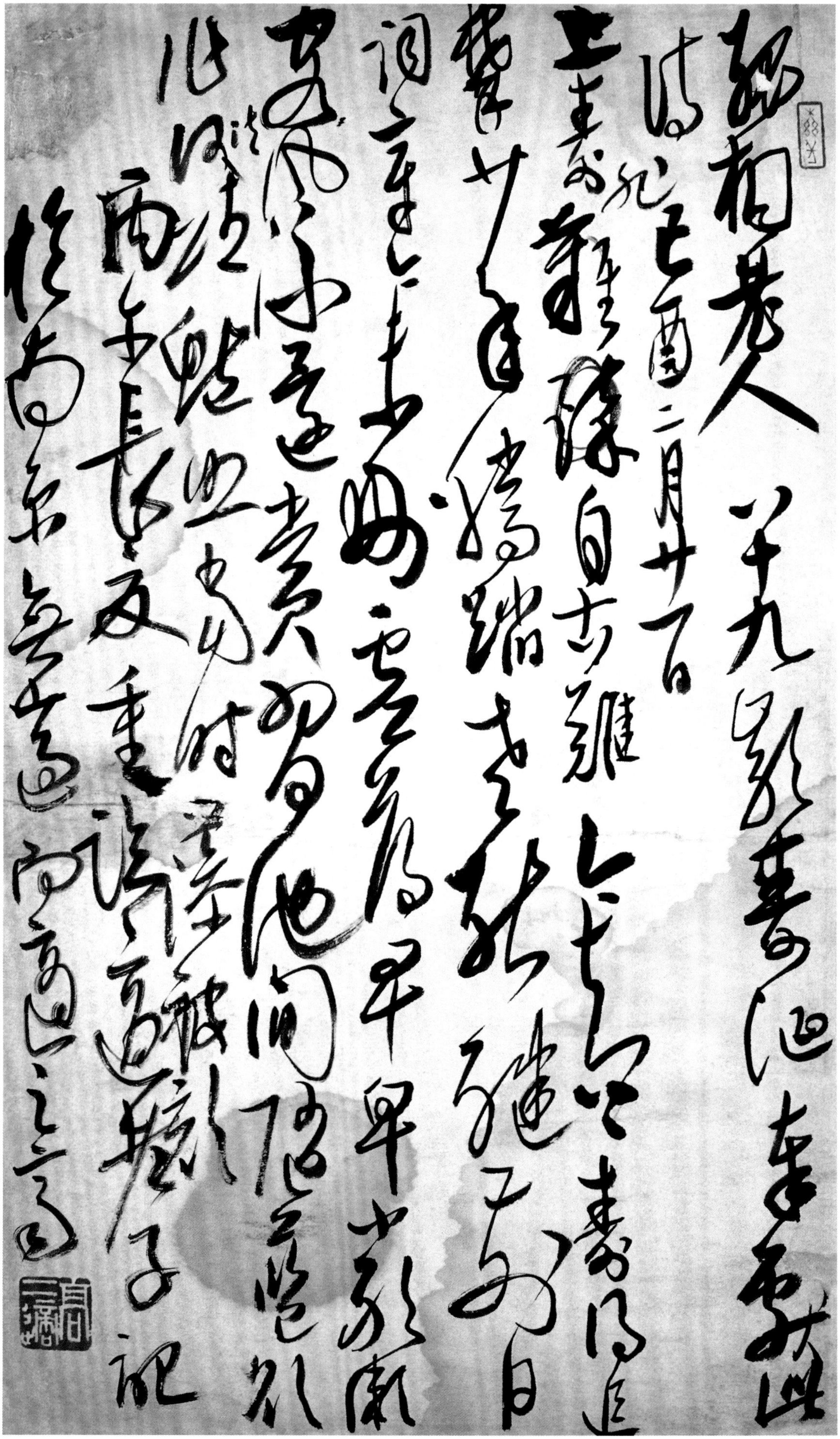

草书《祝孤桐老人寿诗》

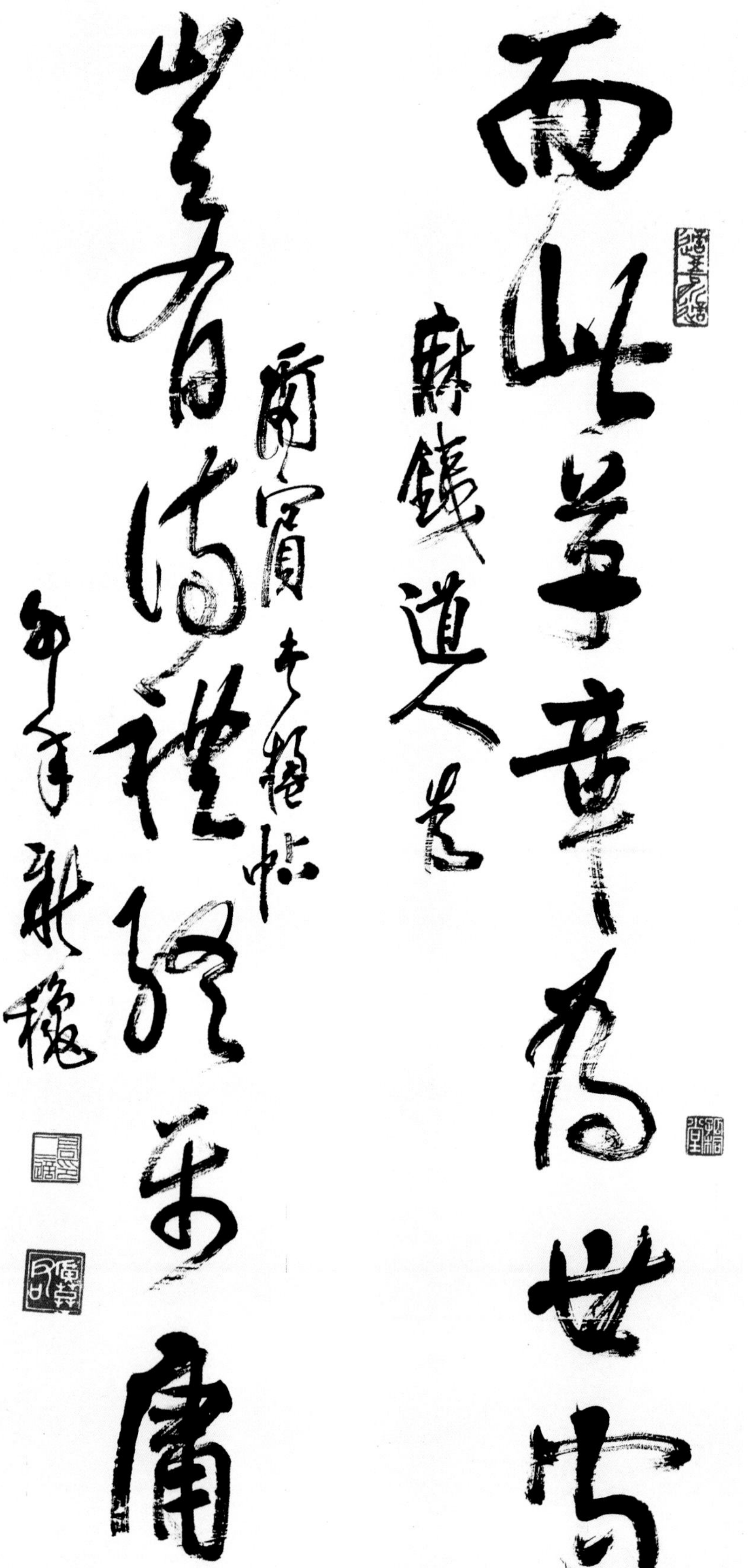

七言草书联

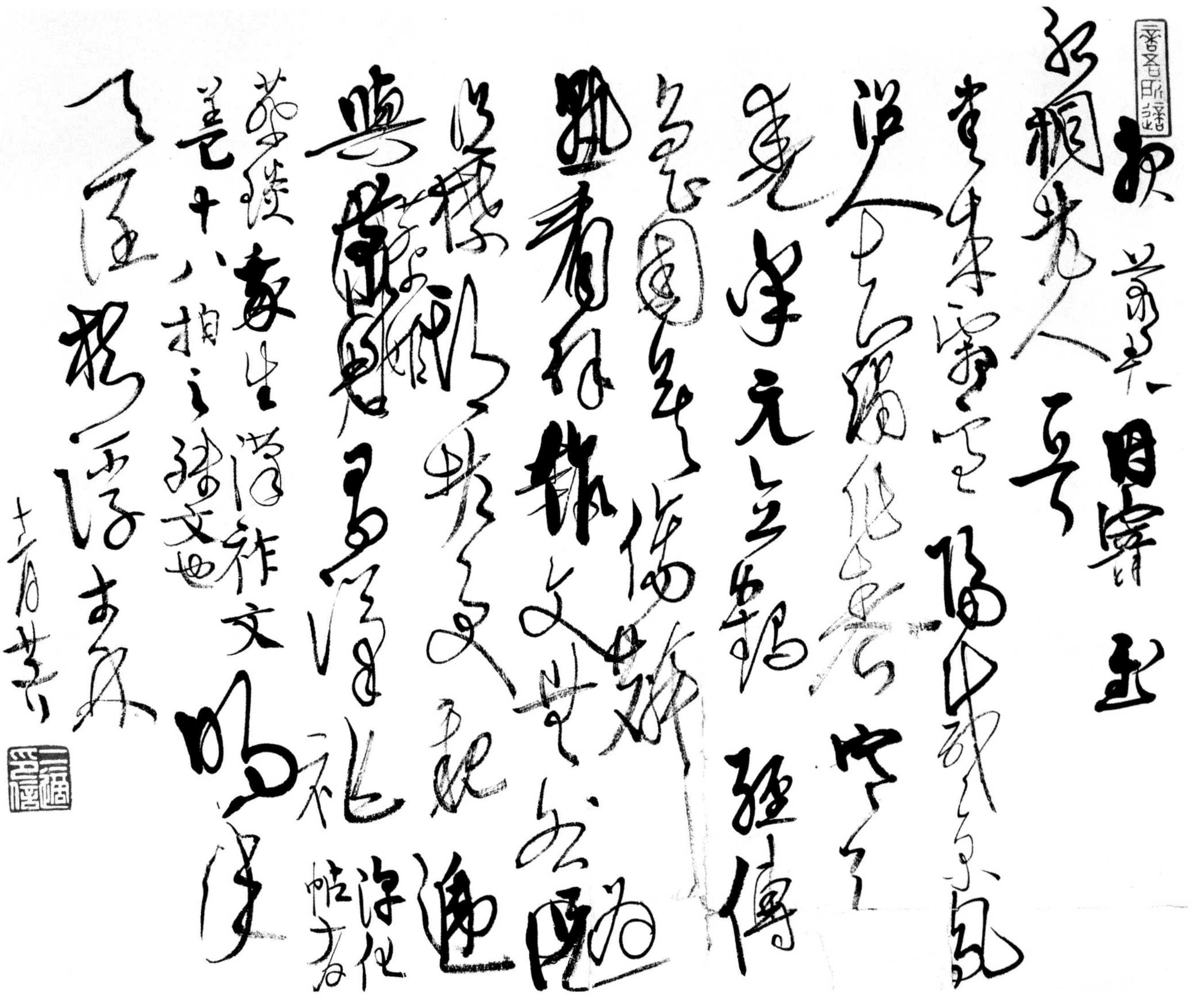

草书《招萧君诗稿》

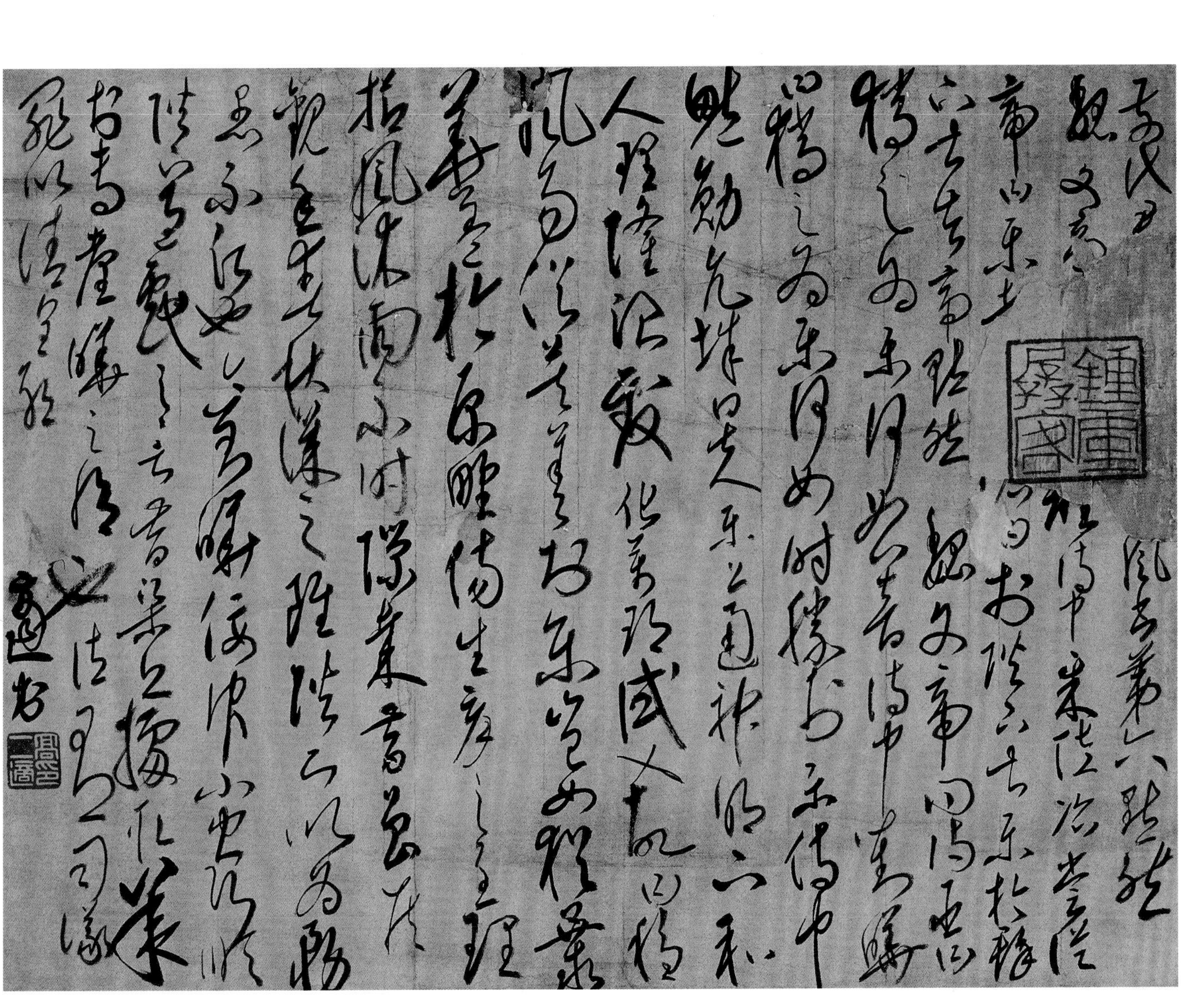

草书册页

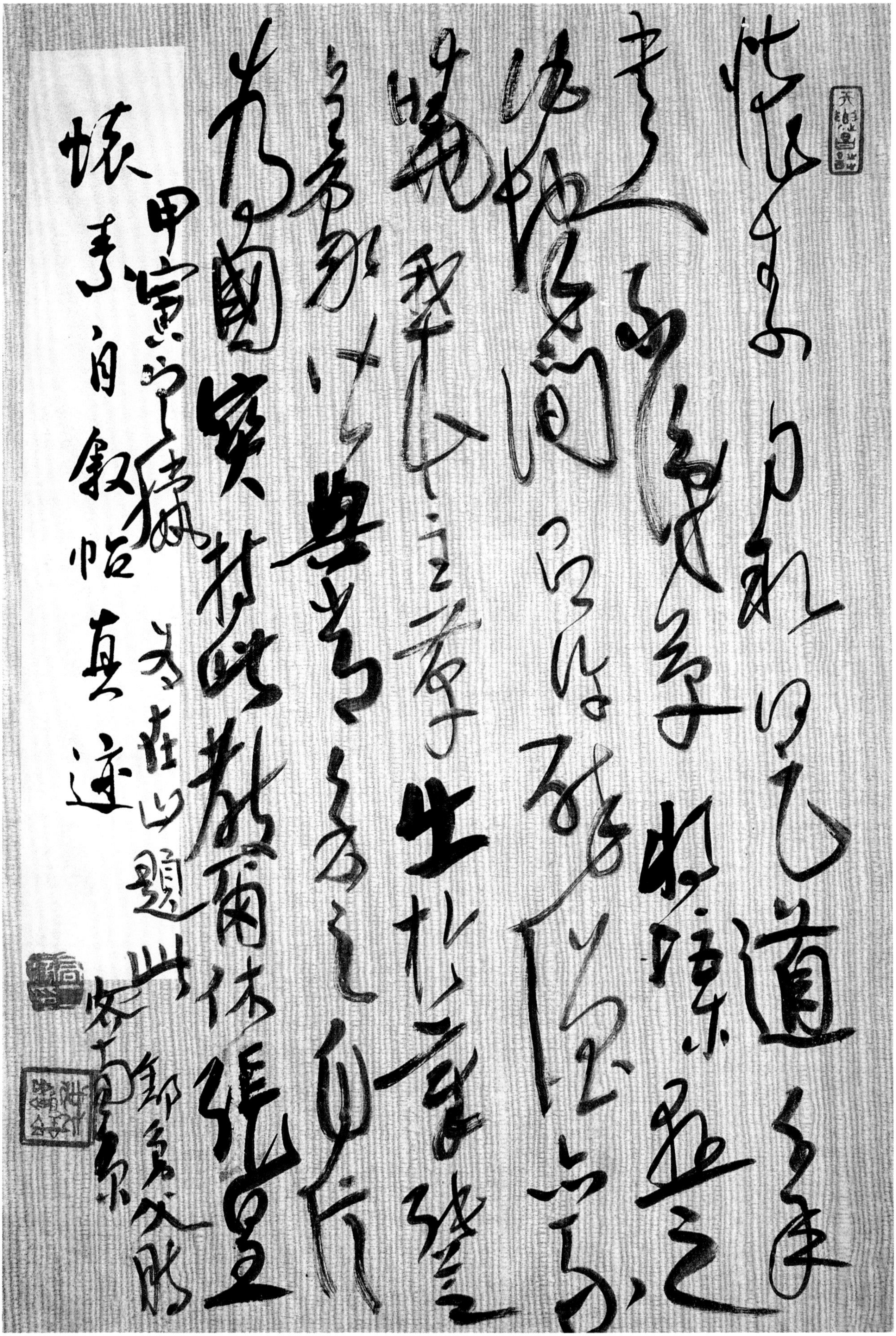

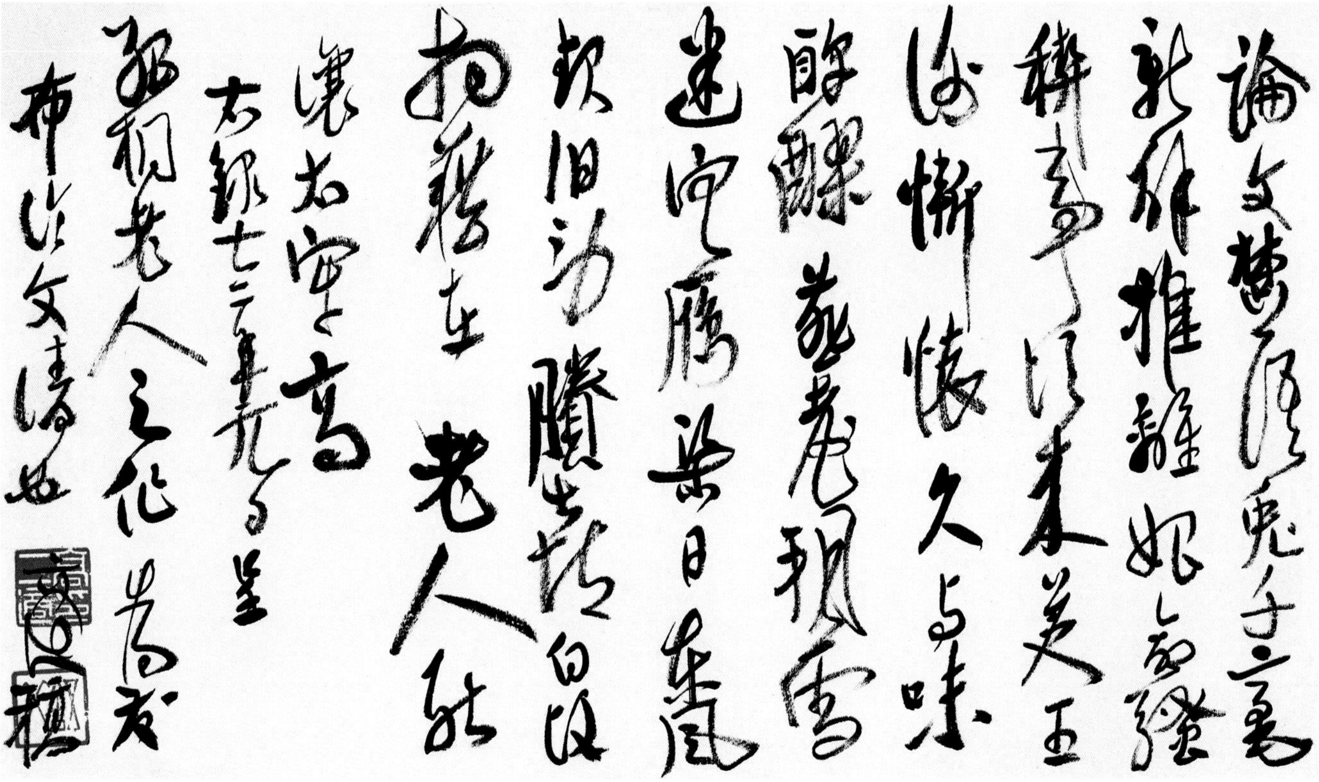

行草自作诗

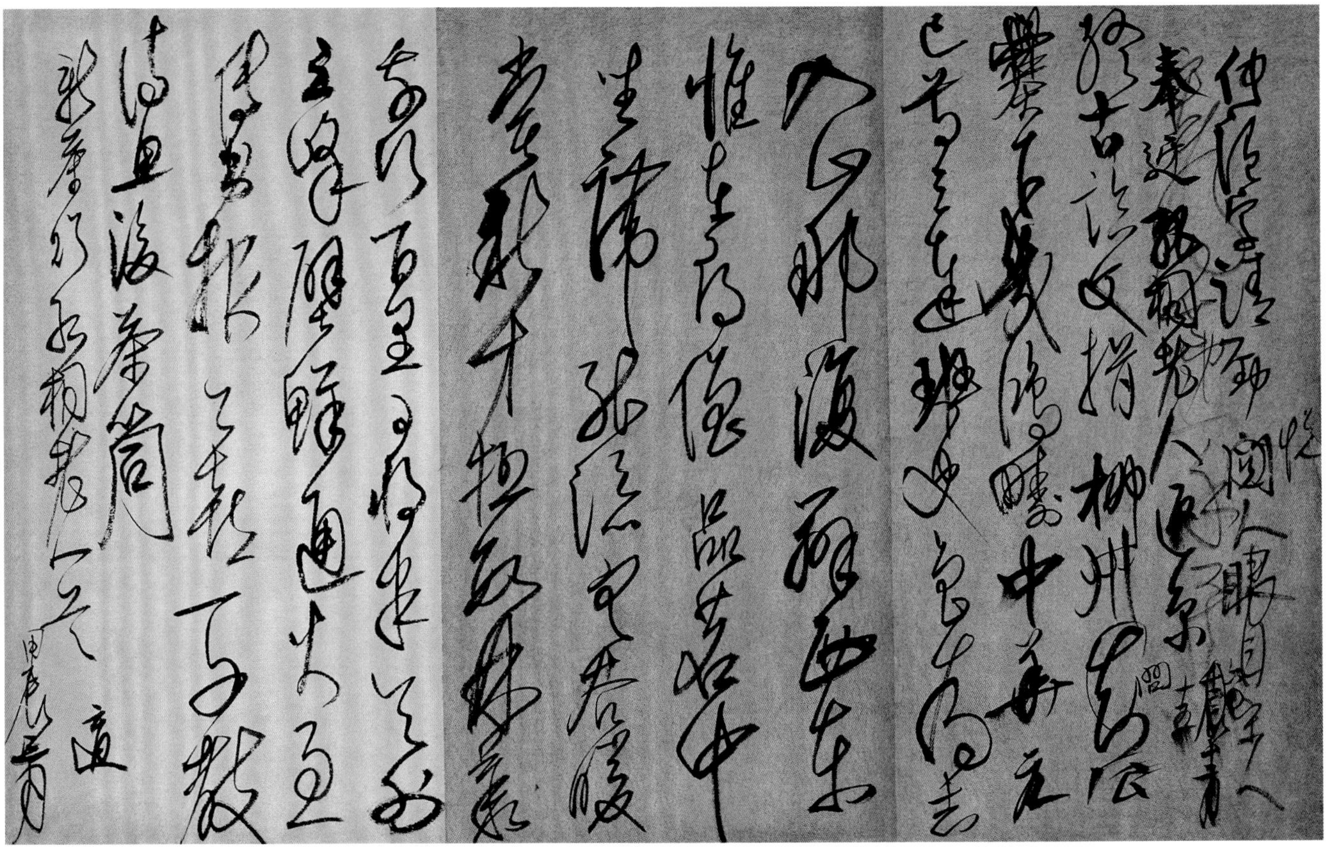

草书自作诗

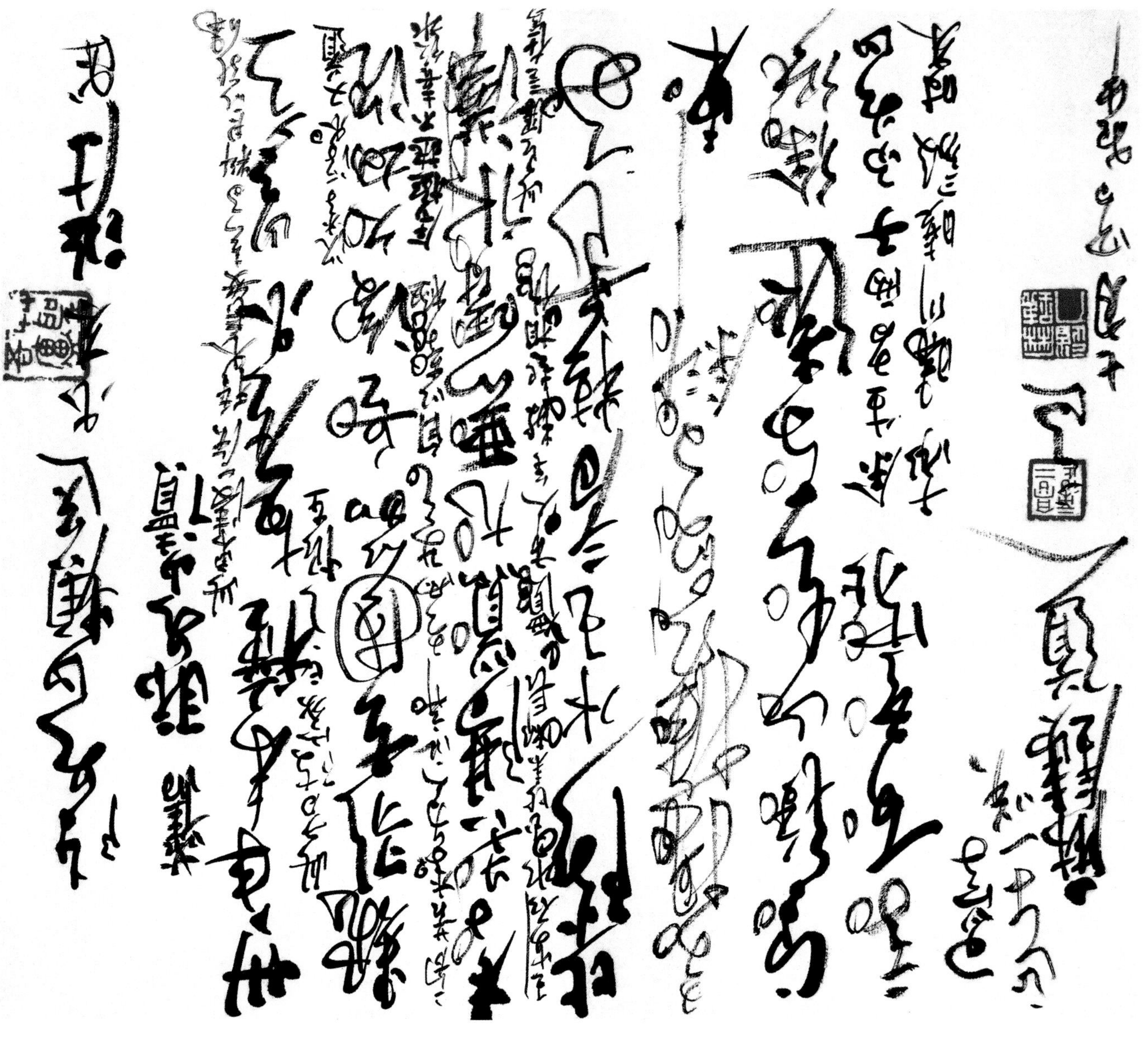

行草自作诗

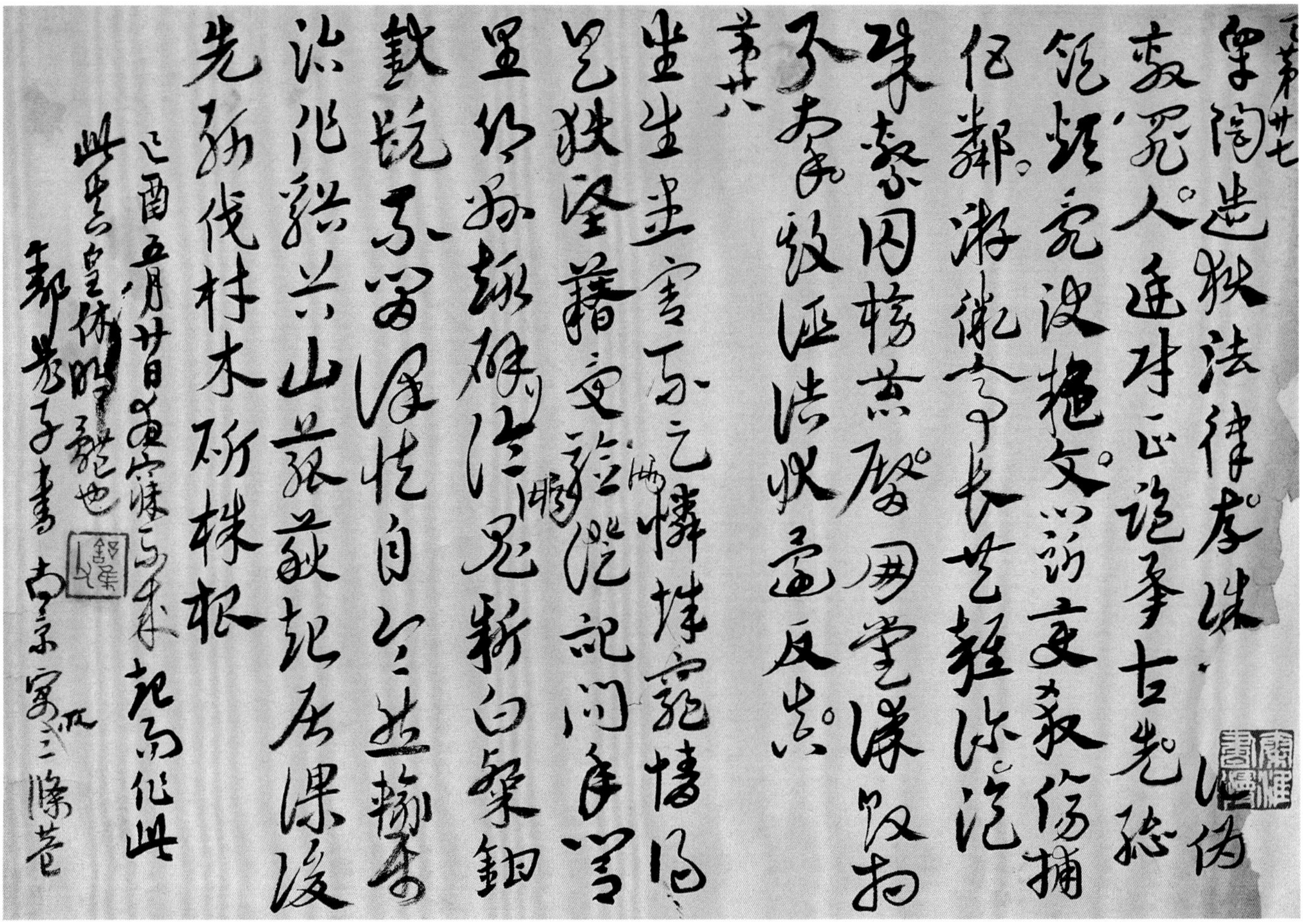

章草急就章二则

行草五言联

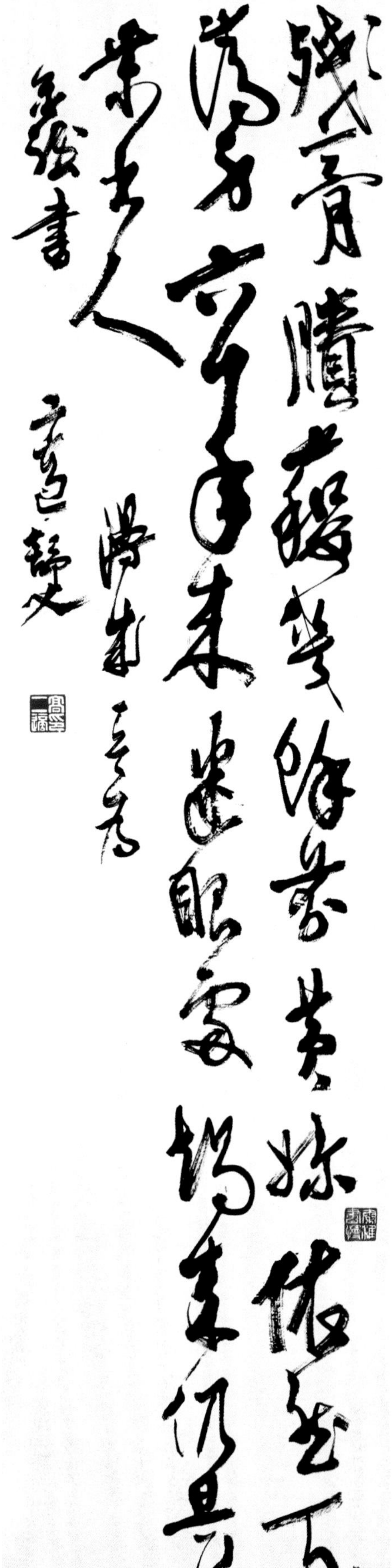

行草自作诗轴

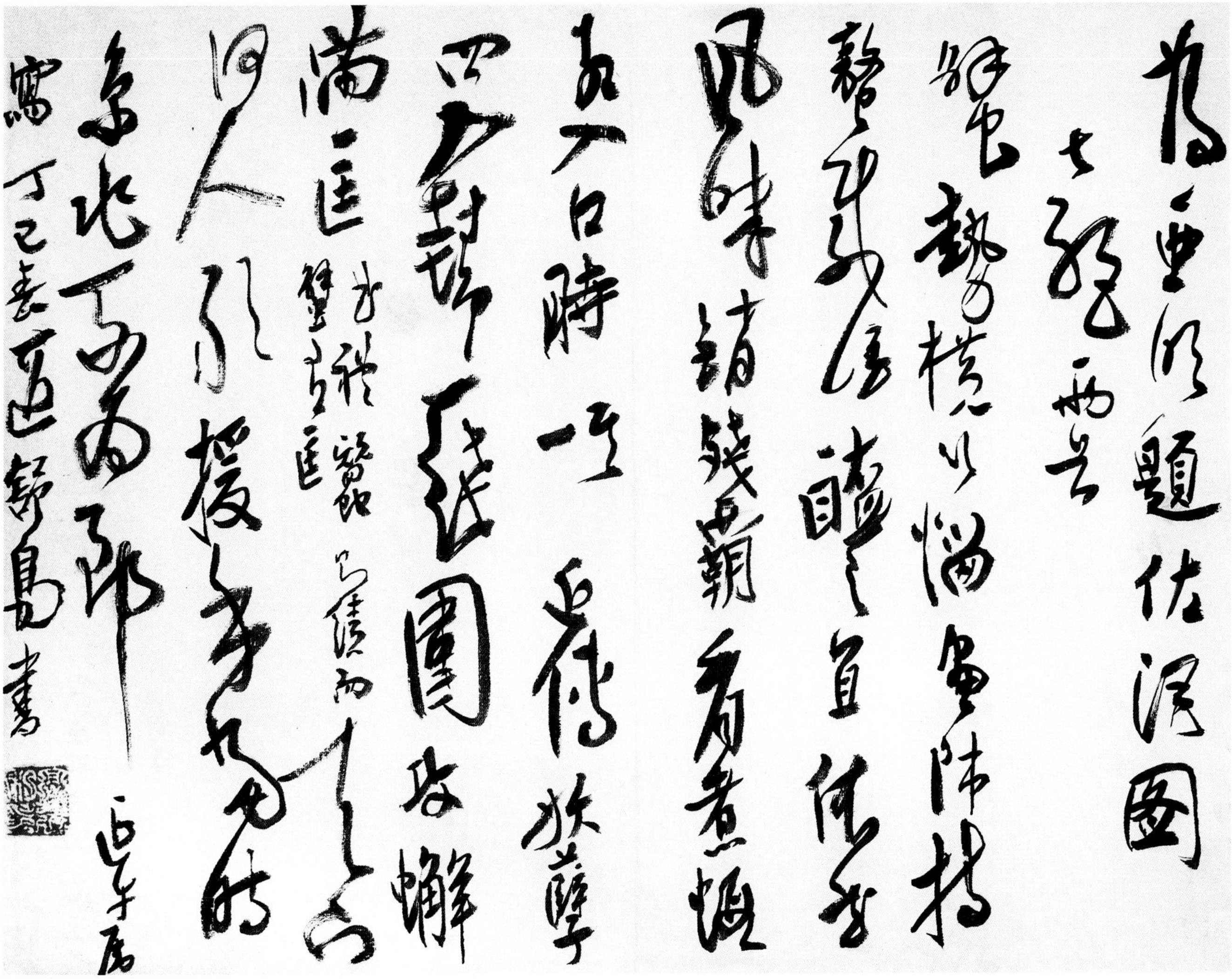

草书题画诗两首

布刚坤翁诸表兄均览　鄙侄岁

远宦。卅余年未到

外家。至以为忧。此时次到。何幸得与诸姊

哥把臂畅谈。洪男暨表兄嫂多事。

尤其汝兄弟整葺祖墓。又为家均

兴盛。皆由此积德之报也。仰

义仰望汝。　鄙于廿一由泰城返寓。

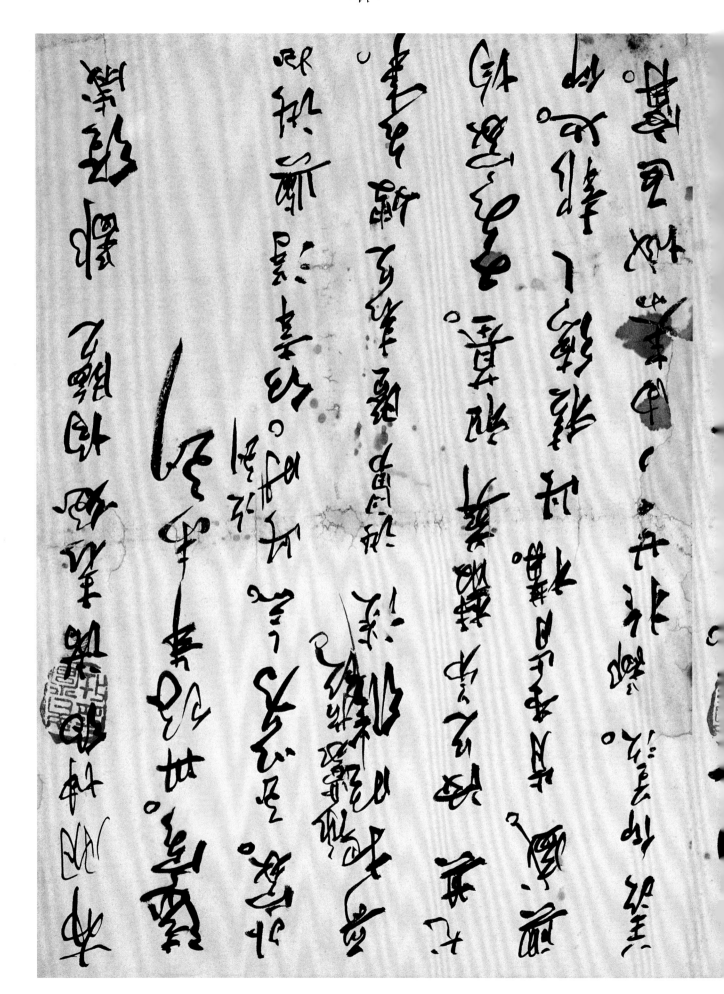

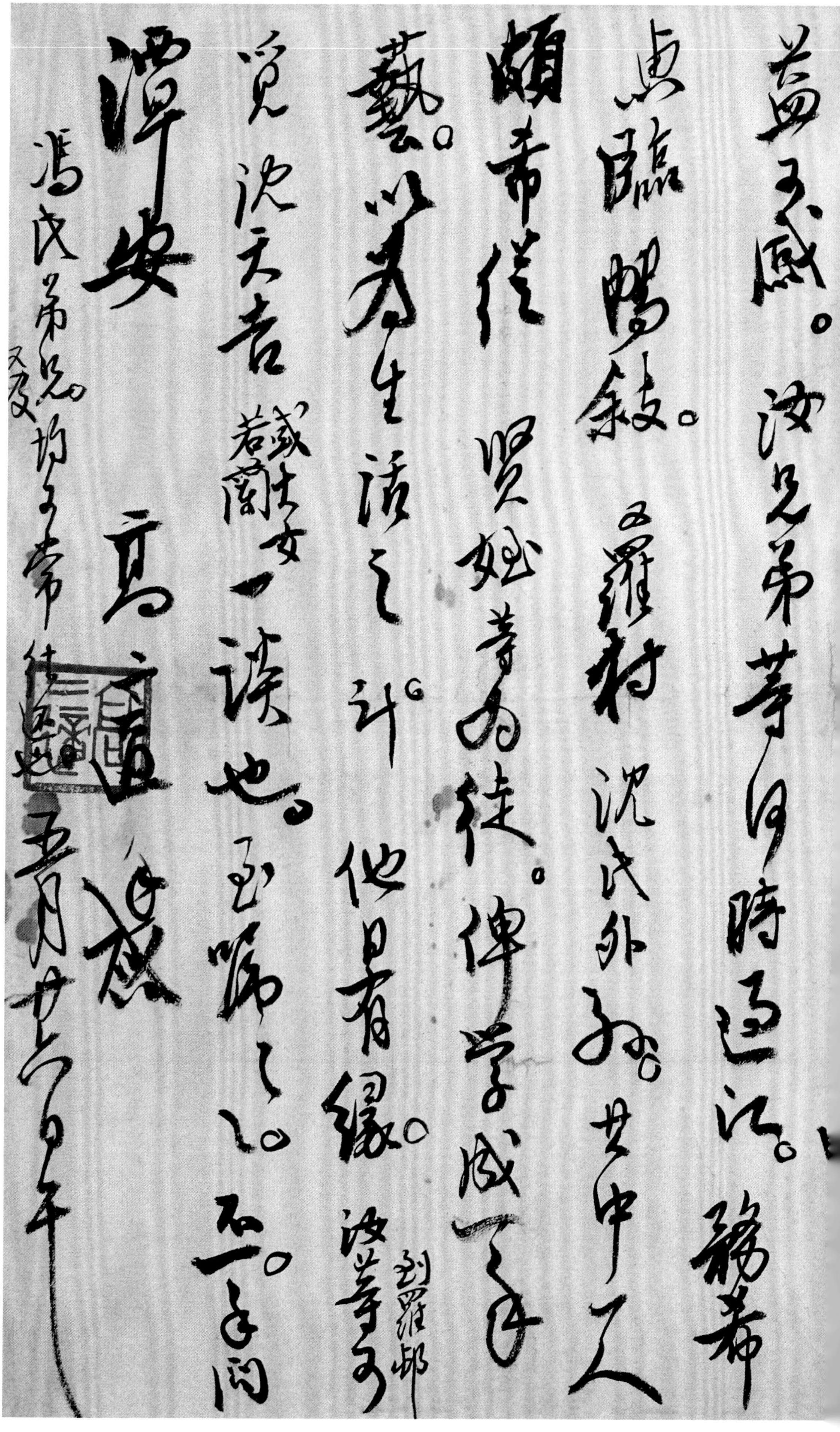
益天感。汝兄弟等何時返江。
又羅村沈氏外孫。
賢婿等為徒。俾學成一手
藝。以為生活之計。他日有緣。
沈天吉
一談也。至囑之之。不一。
潭安
五月廿七日午
又及

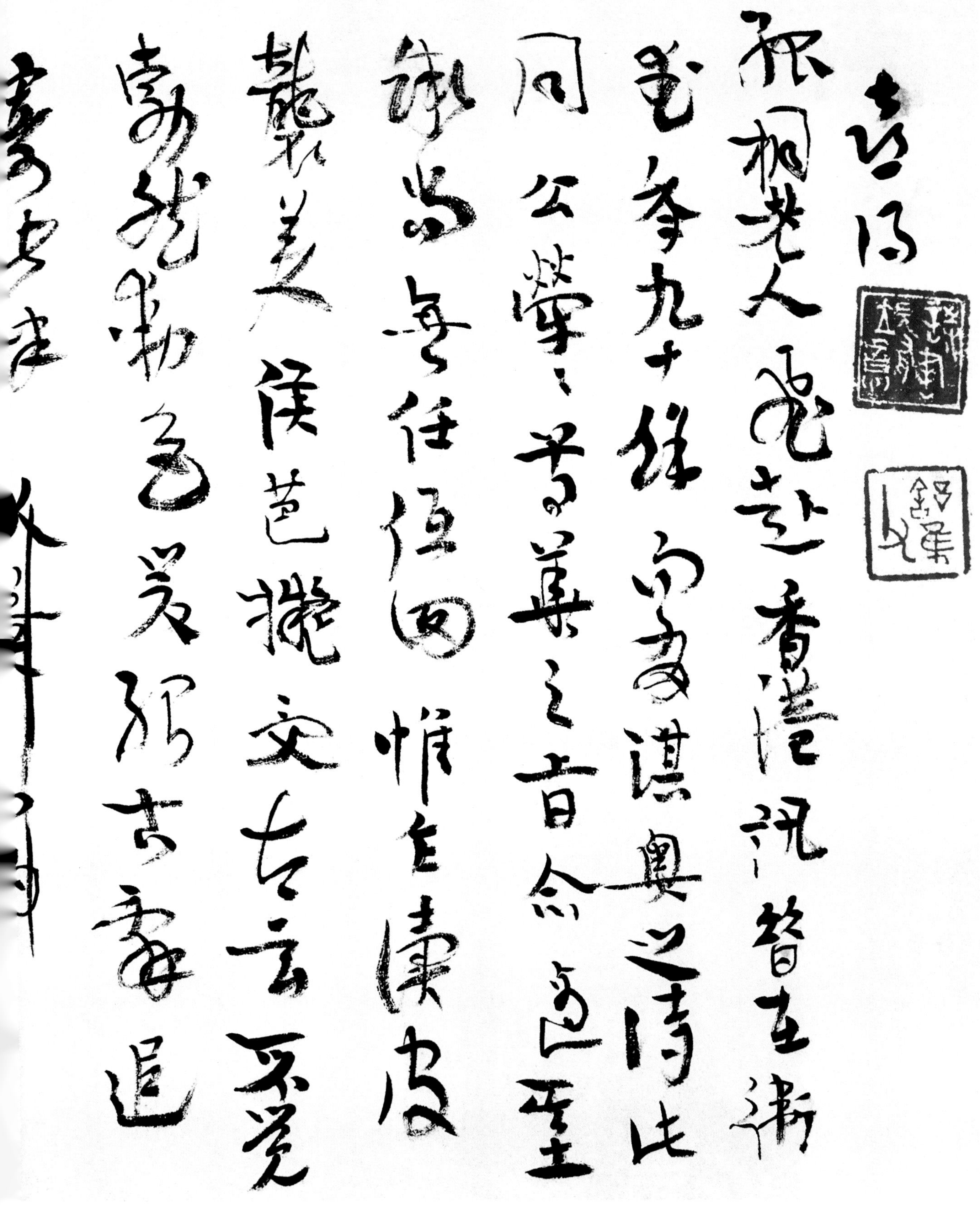

行草《孤桐老人赴香港》诗稿

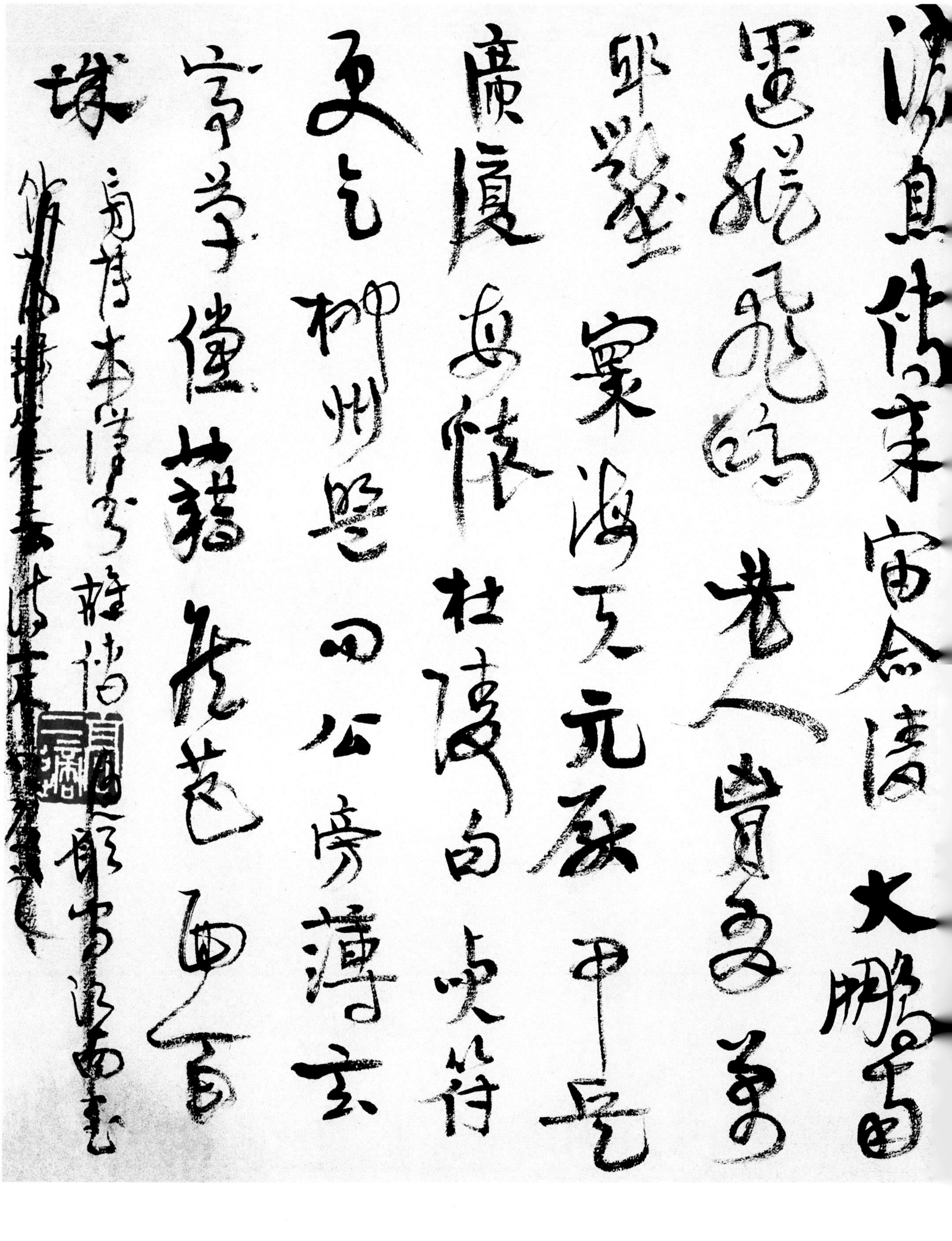

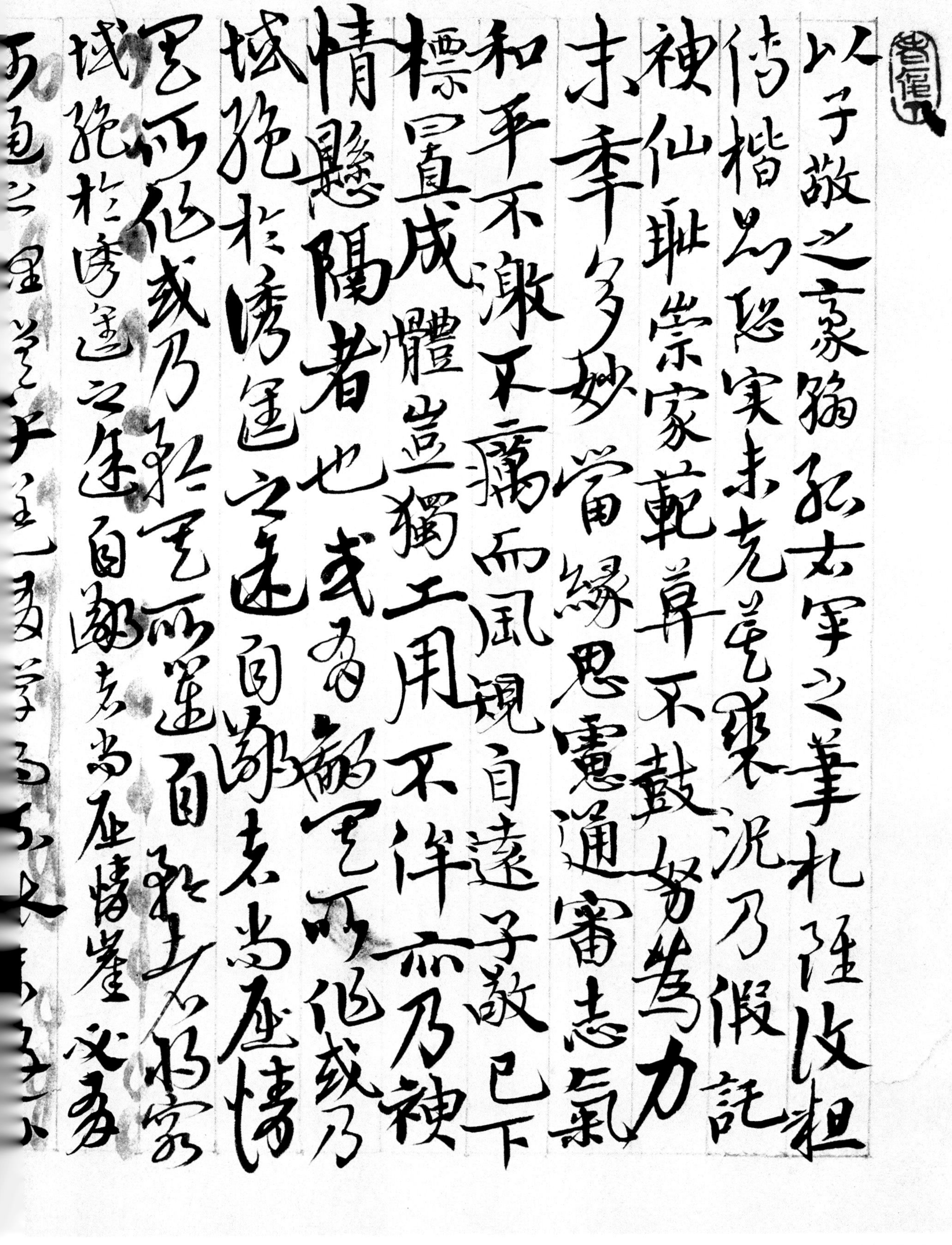

章草节录《书谱》

学以致老七老之五[illegible]

追险绝既能险绝复归平正初

平正初谓未及中则过之后乃通会

之际人书俱老仲尼云五十知命七

十从心故以达夷险之情体权变

之道亦犹谋而后动动不失宜时然

后言言必中理是以右军之书末年多

不如老学成规矩老不如少思则老

而愈妙学乃少而可勉勉之不已抑

有三时时然一变极其分矣至如初

学分布但求平正既知平正务

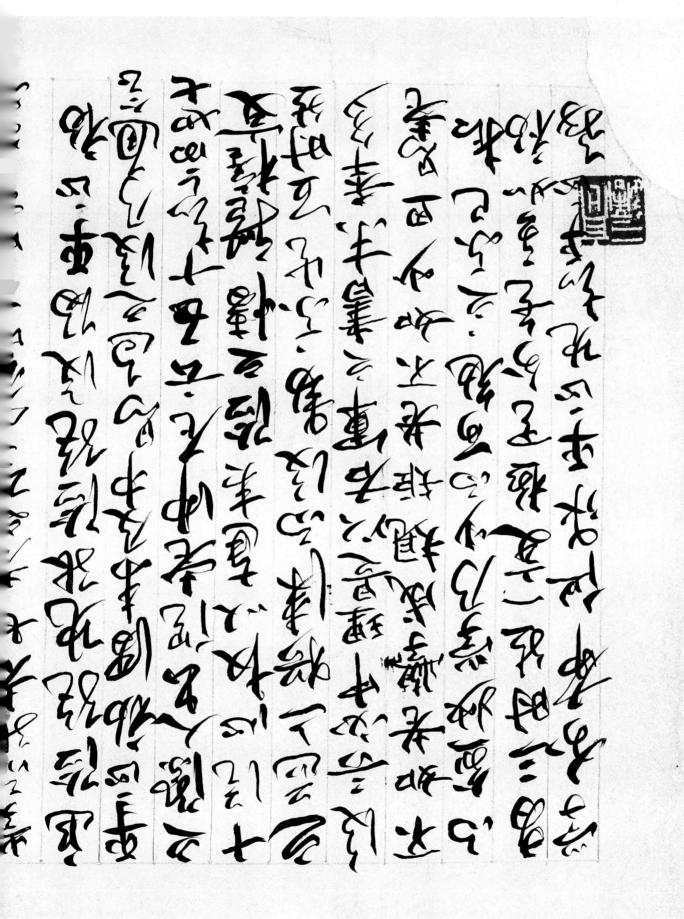

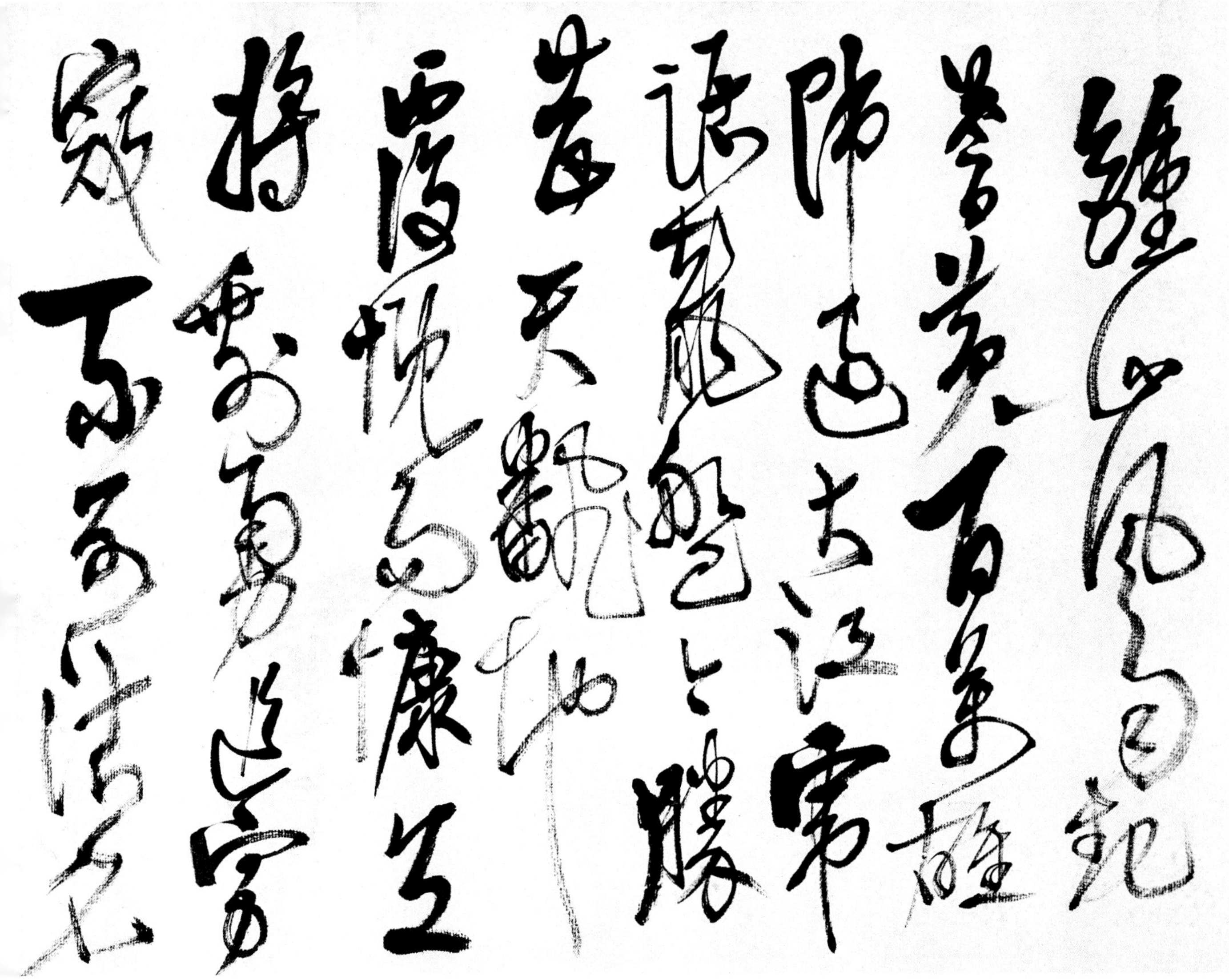

草书毛泽东诗《人民解放军解放南京》

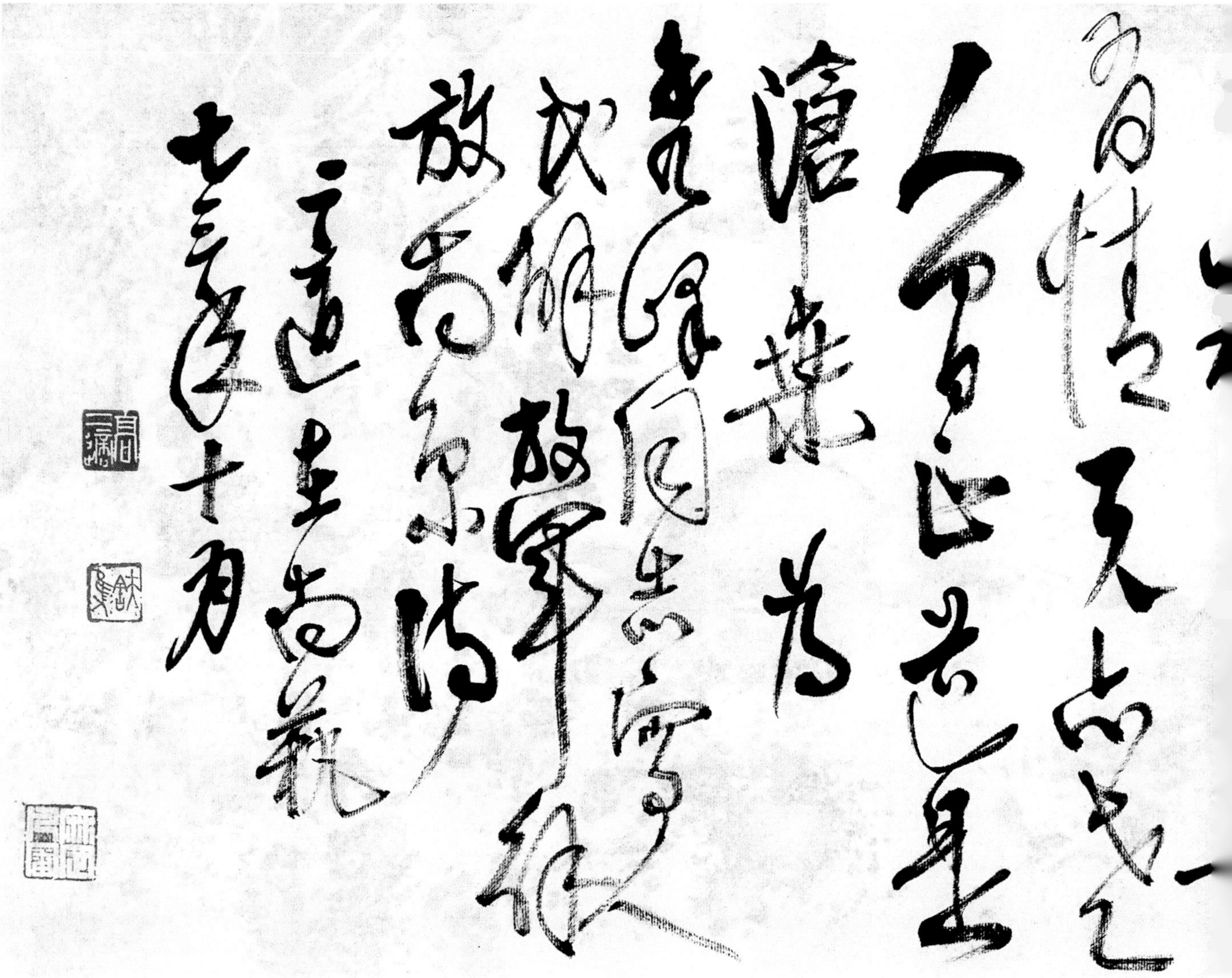

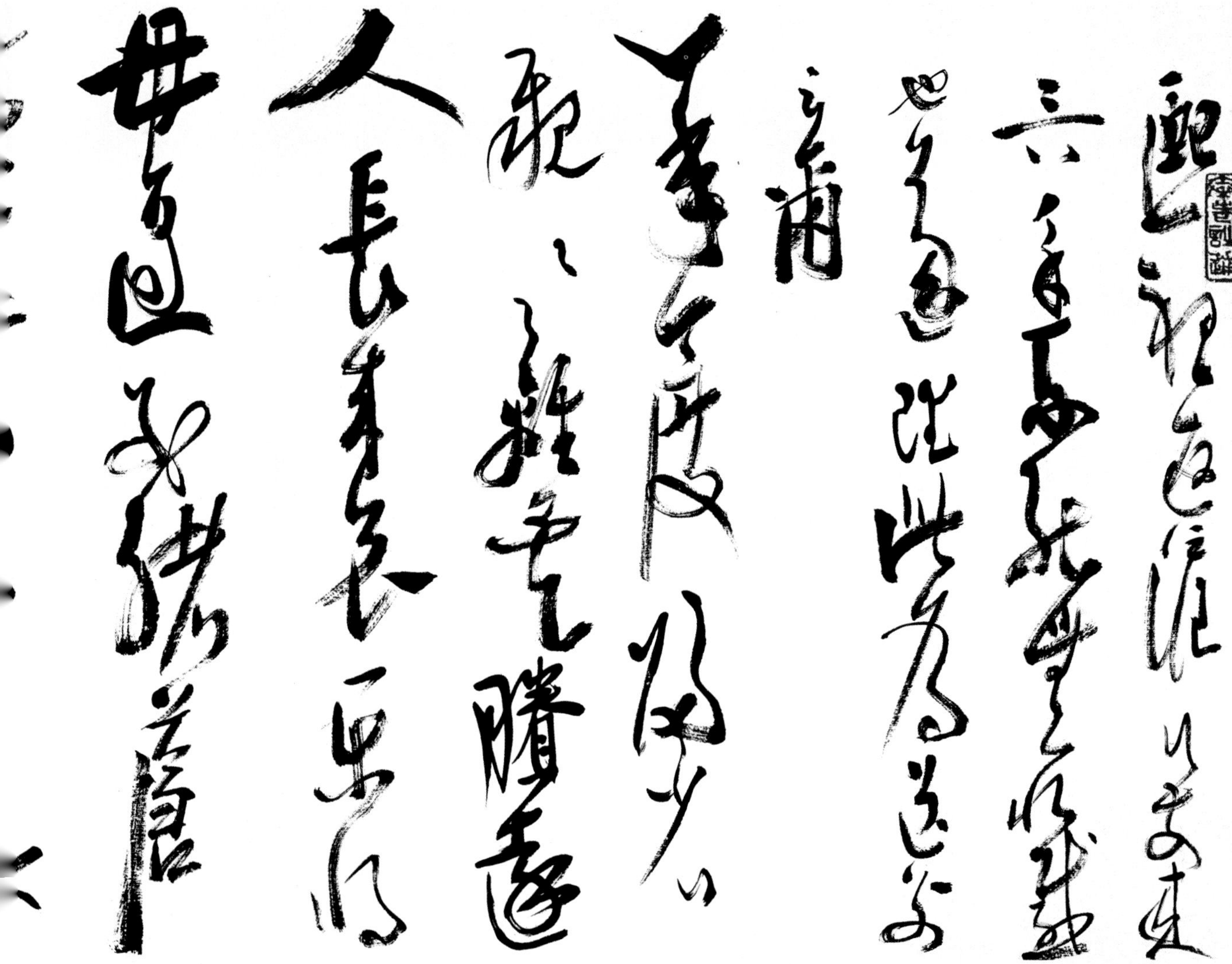

行草信札

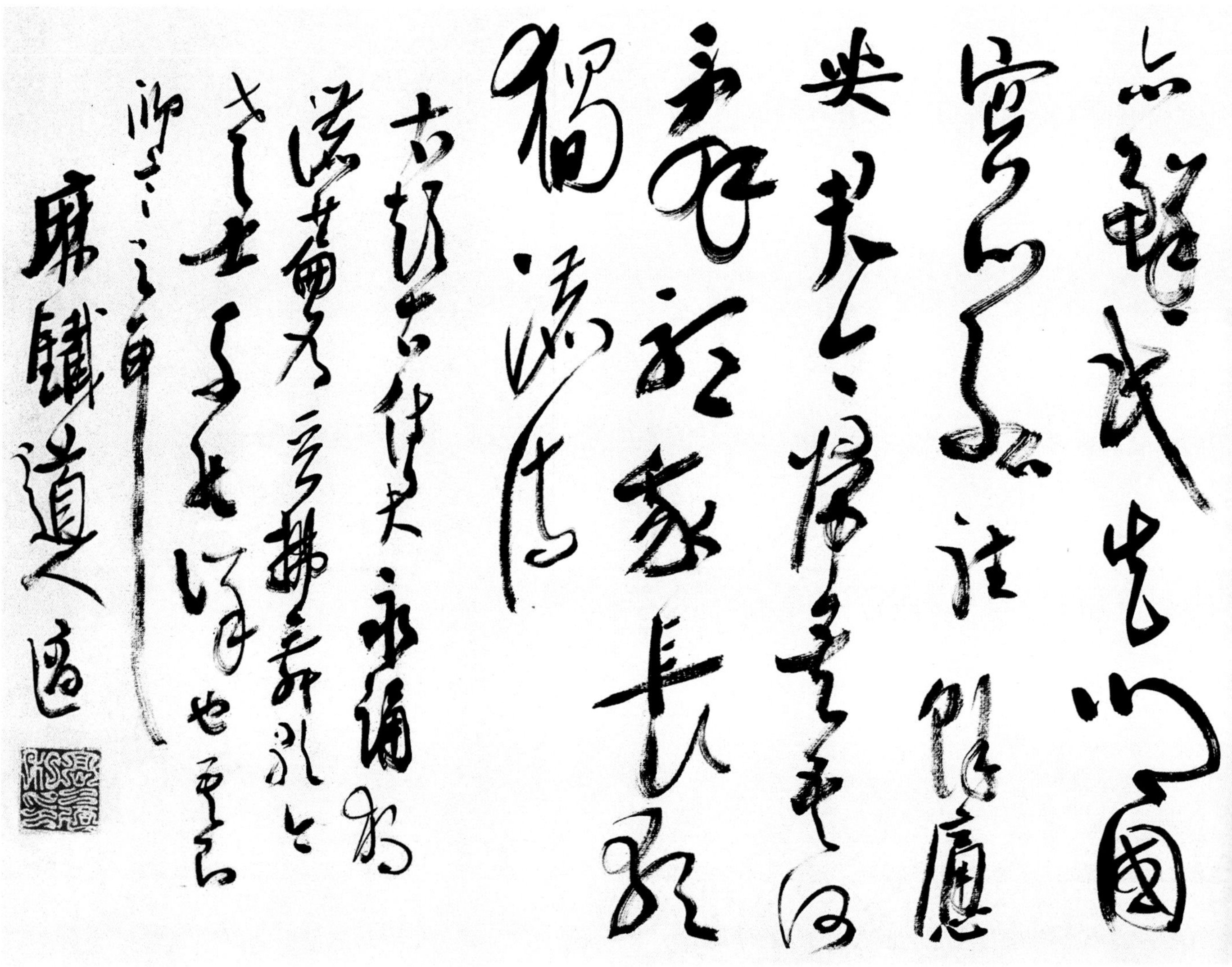

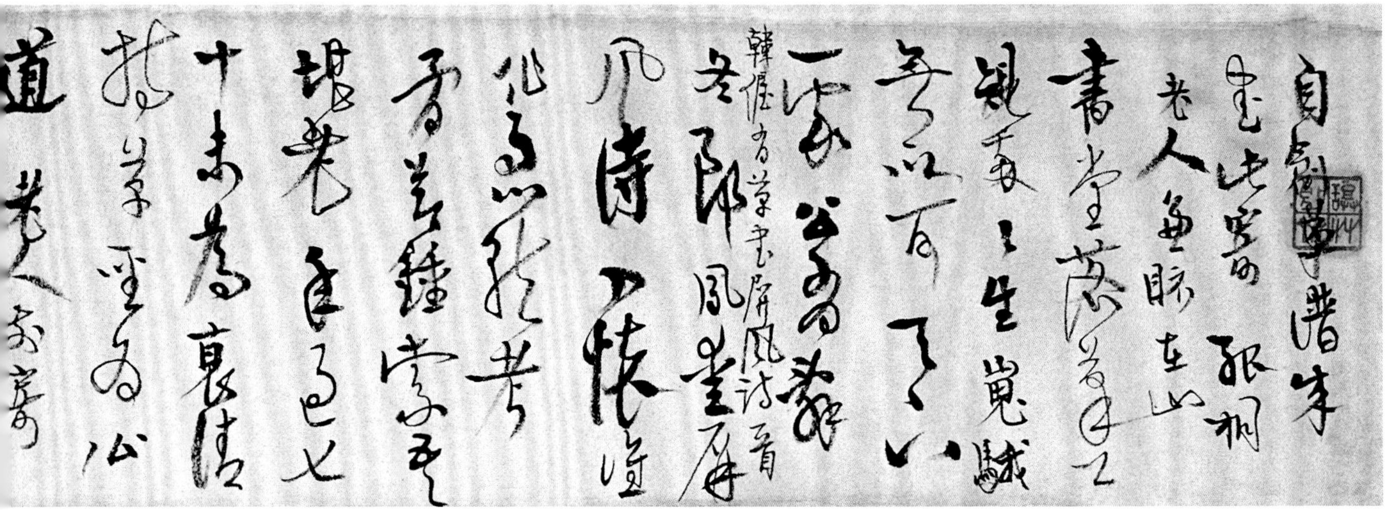

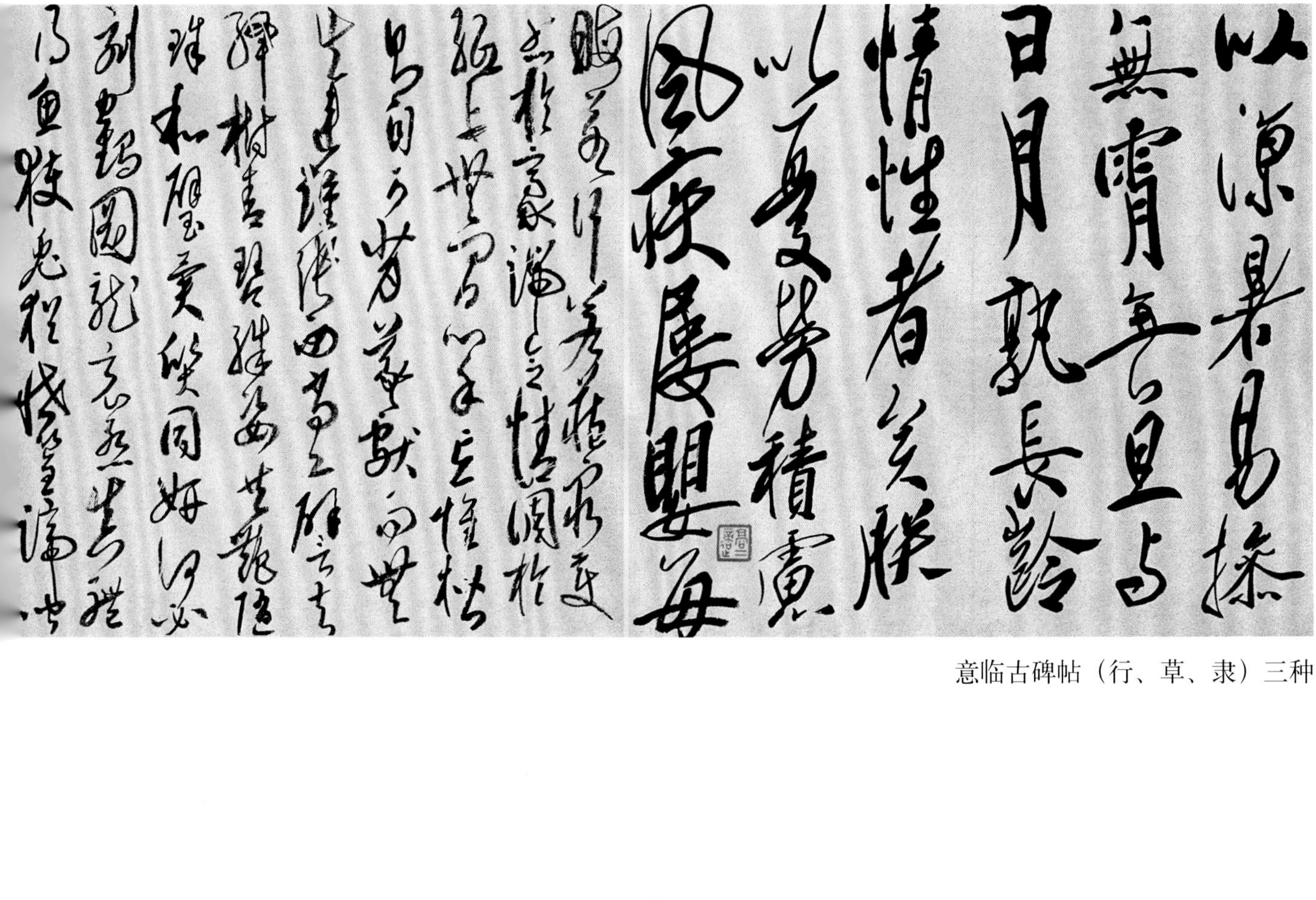

意临古碑帖（行、草、隶）三种

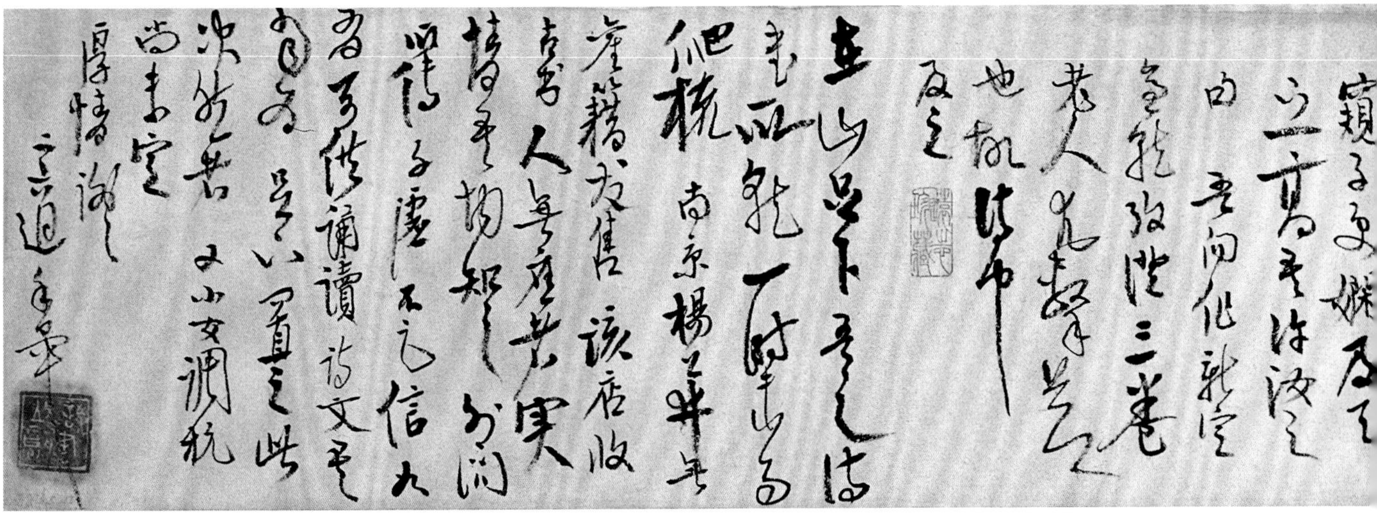

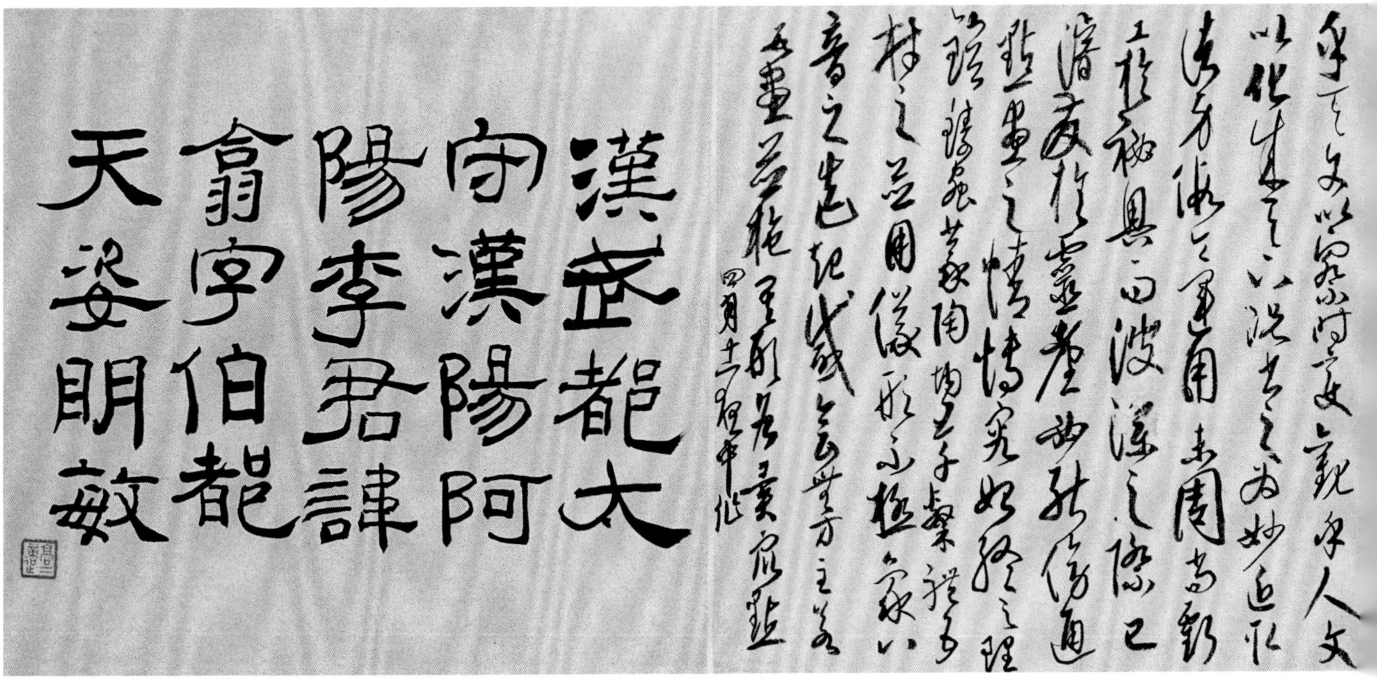
漢武都太
守漢陽阿
陽李君諱
翕字伯都
天姿明敏

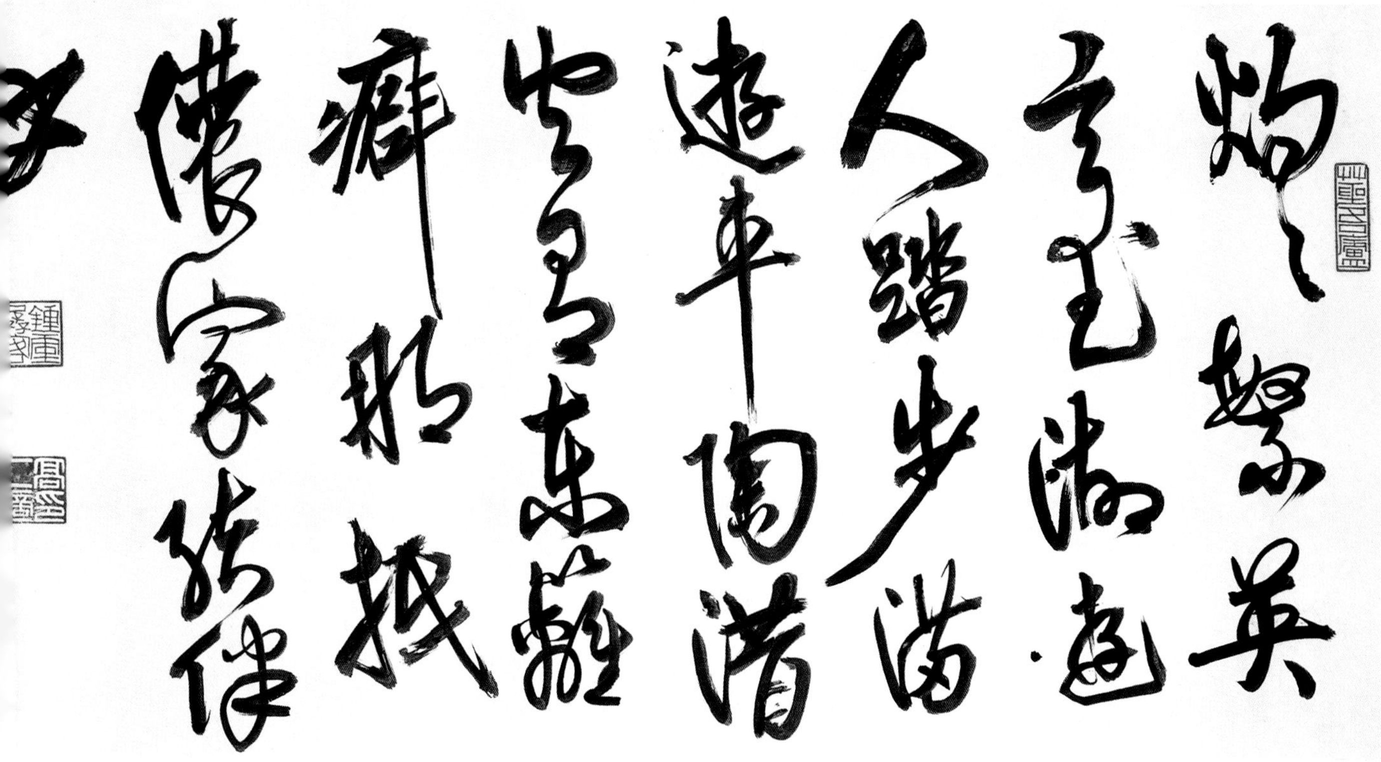

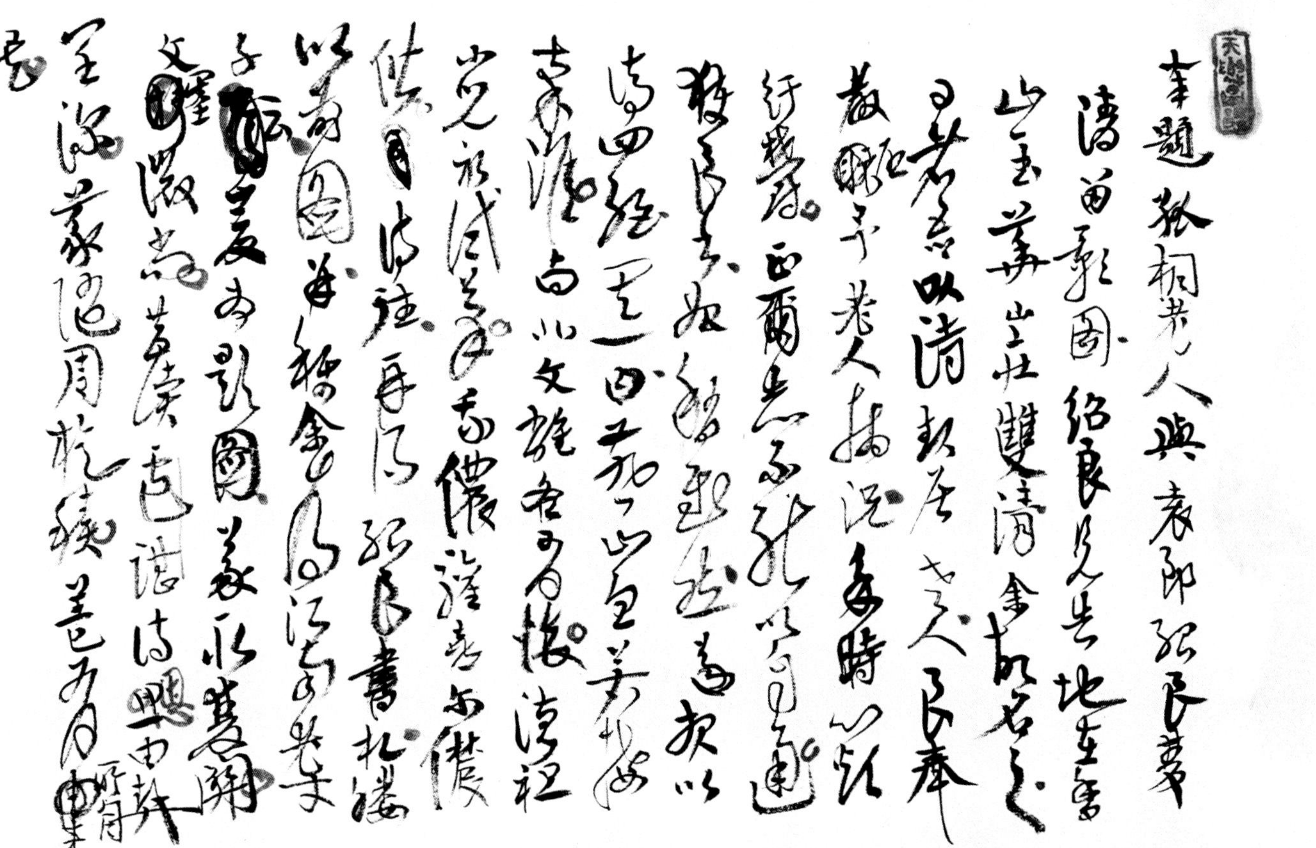

行书横幅（上）　　草书横幅（下）

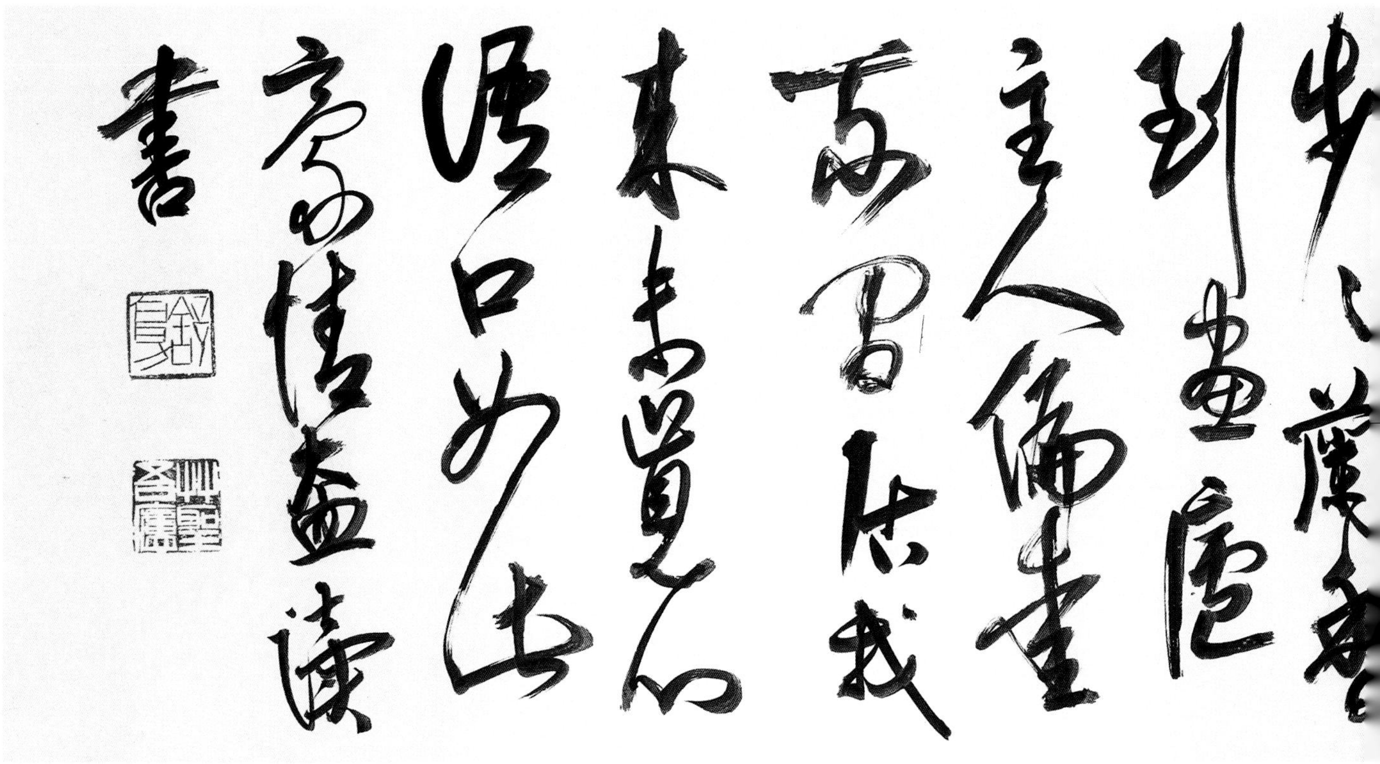

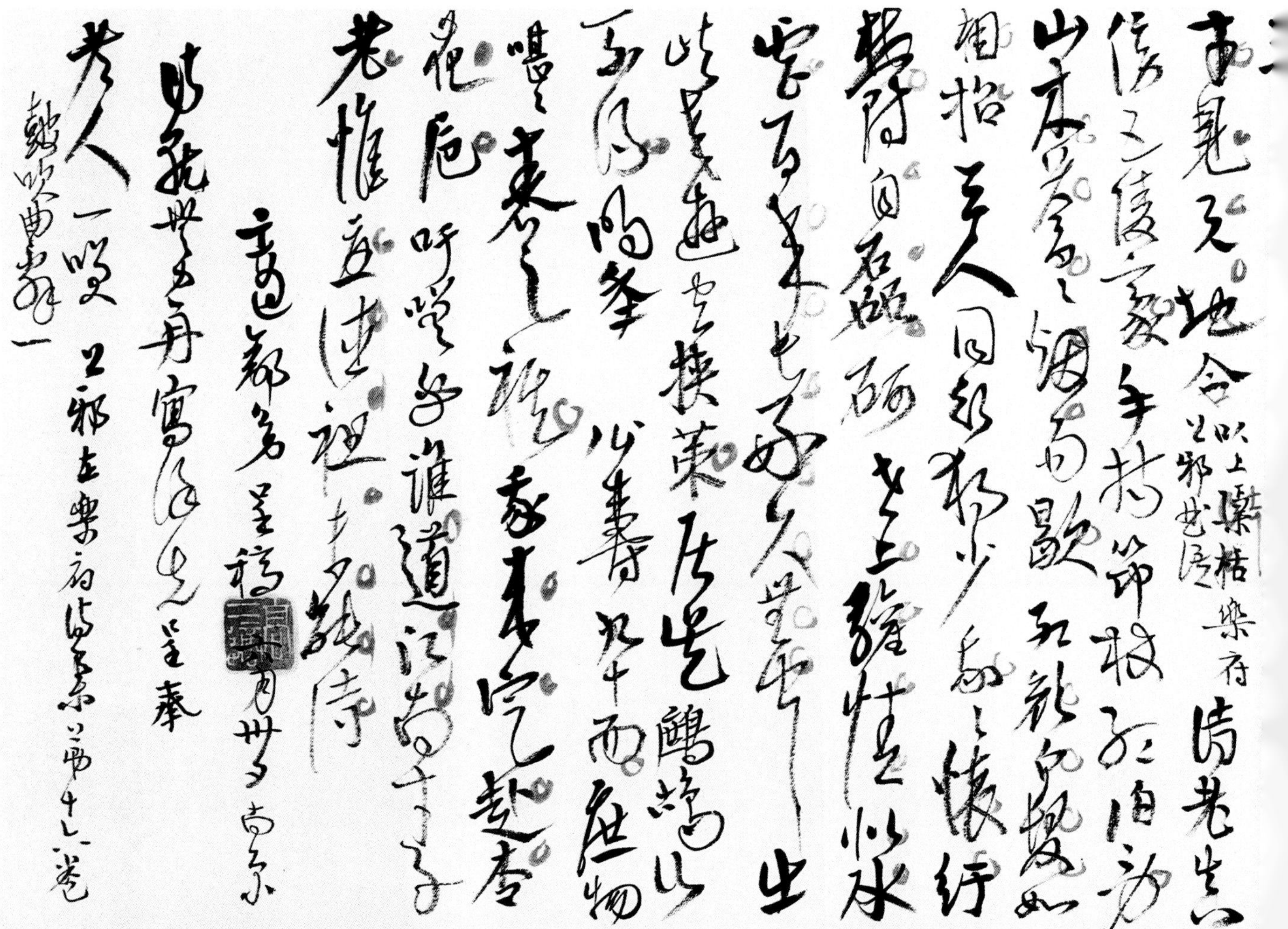

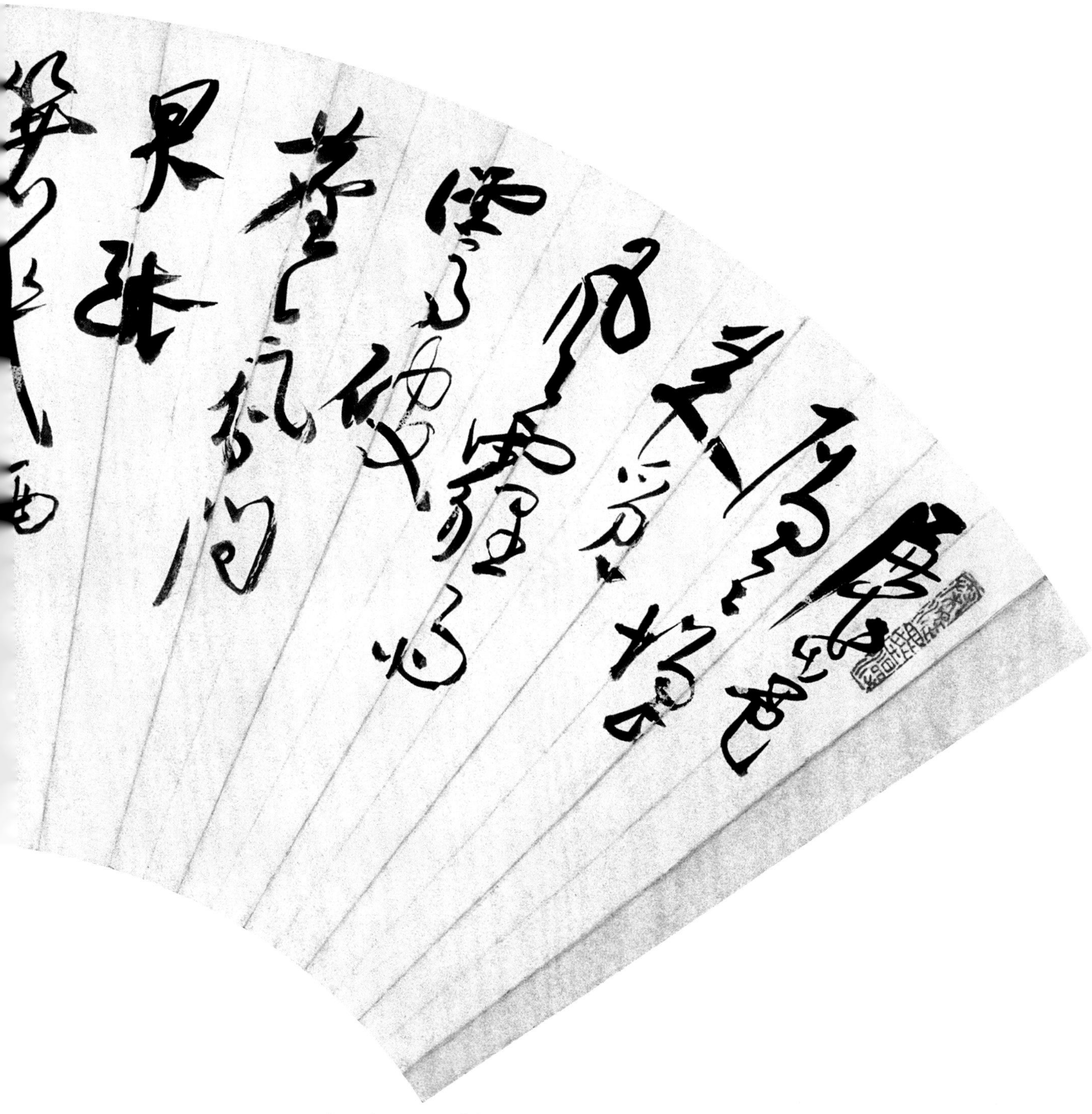

草书扇面《题陆俨少山水诗》

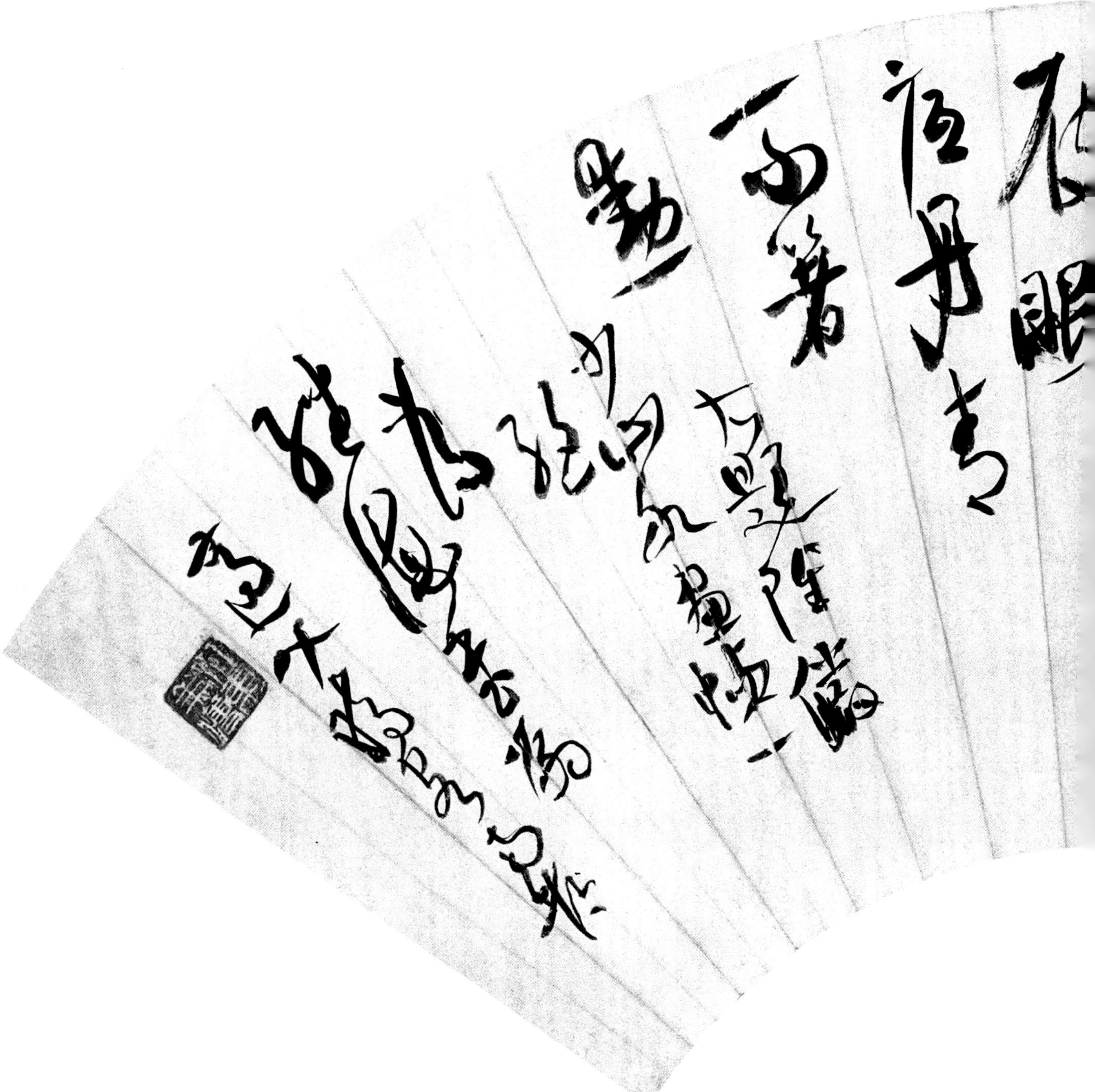

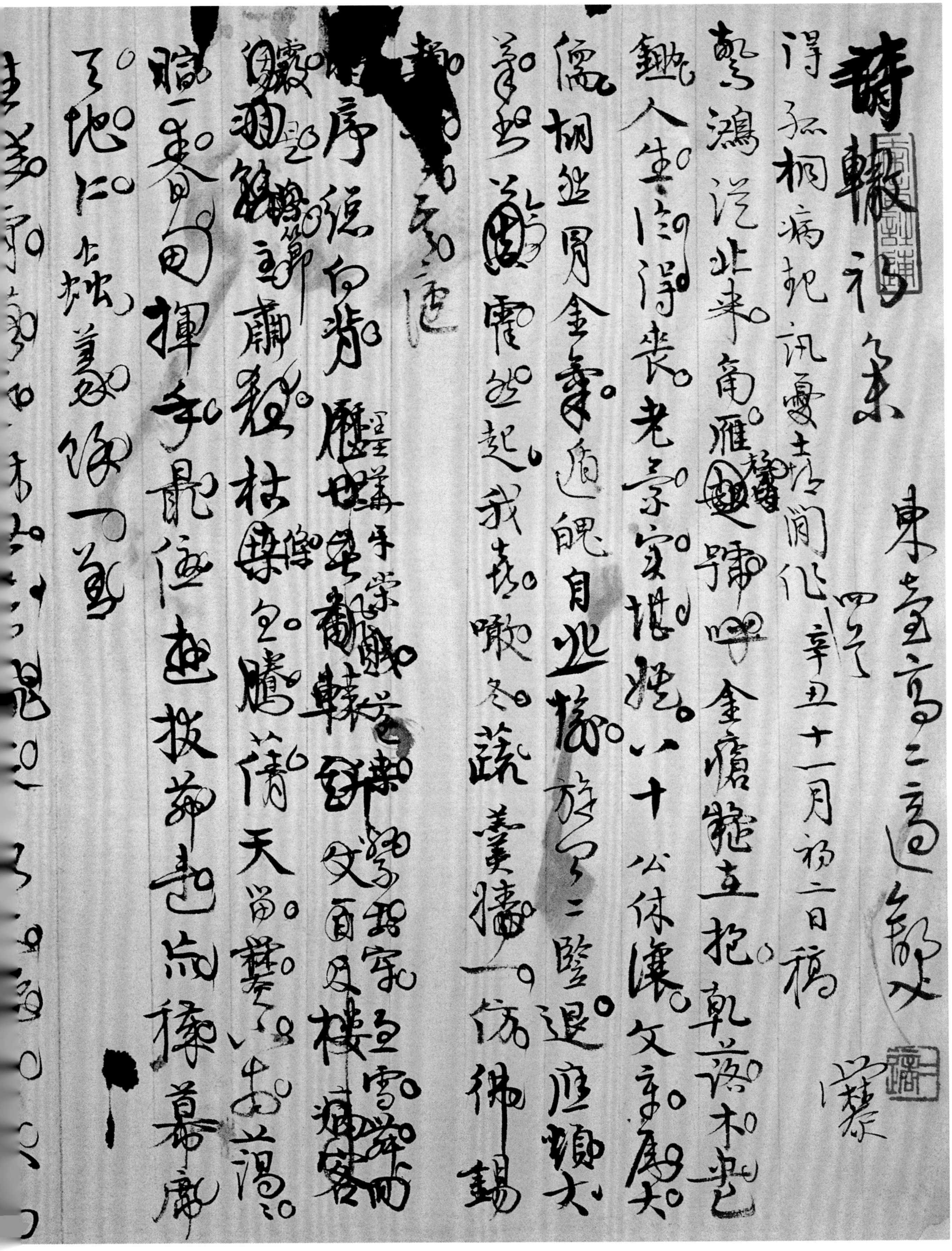

草书自作诗册

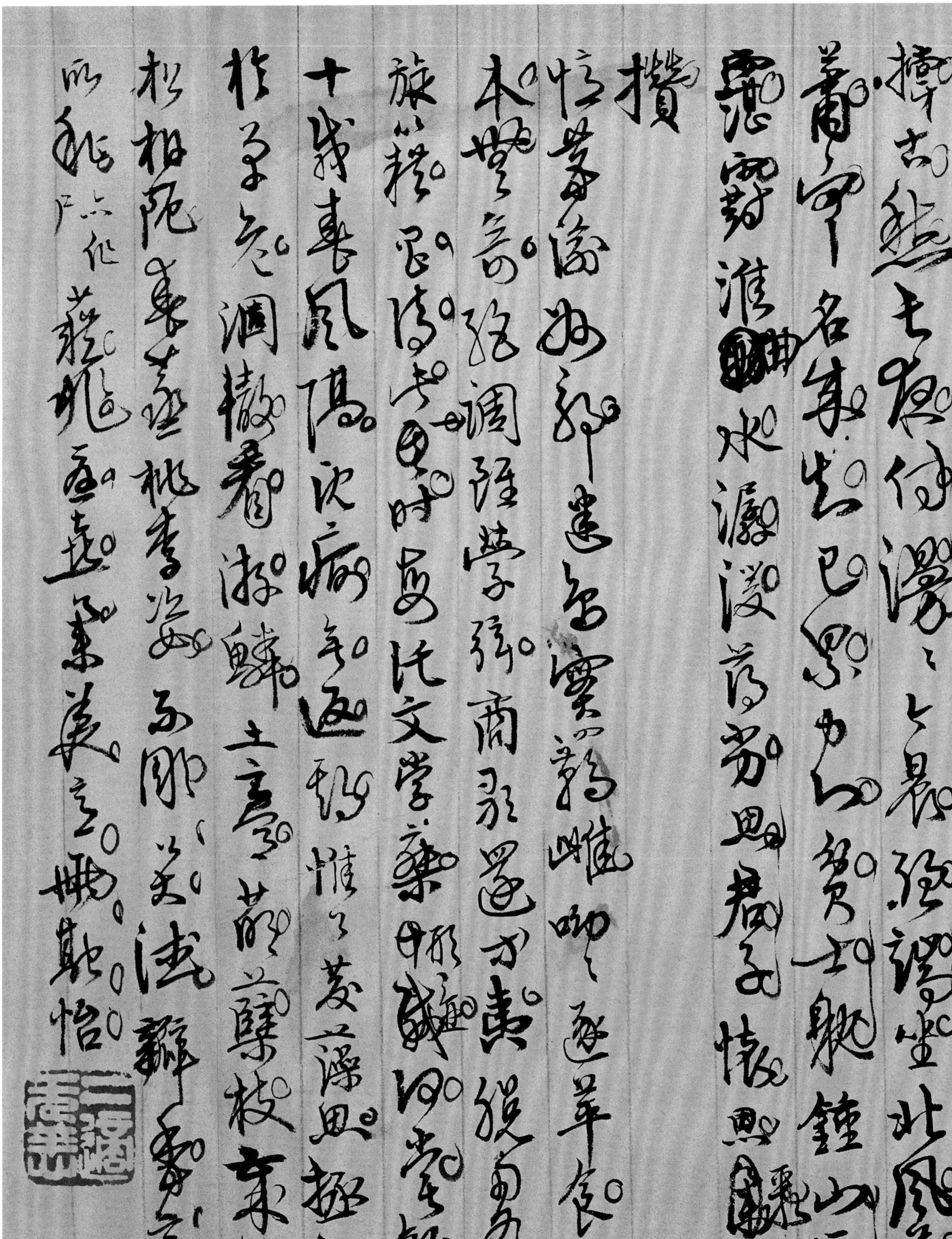

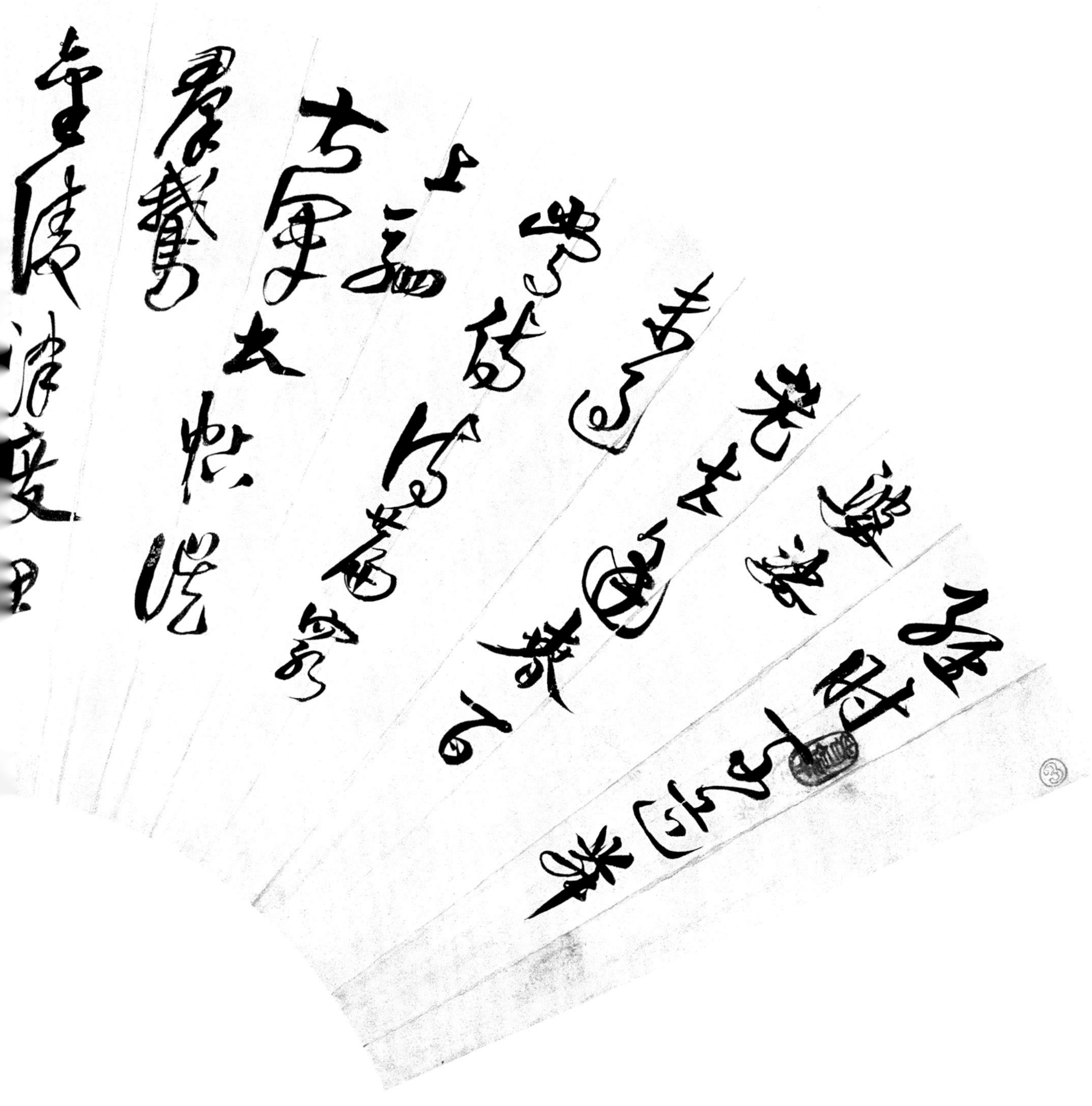

草书扇面自作诗

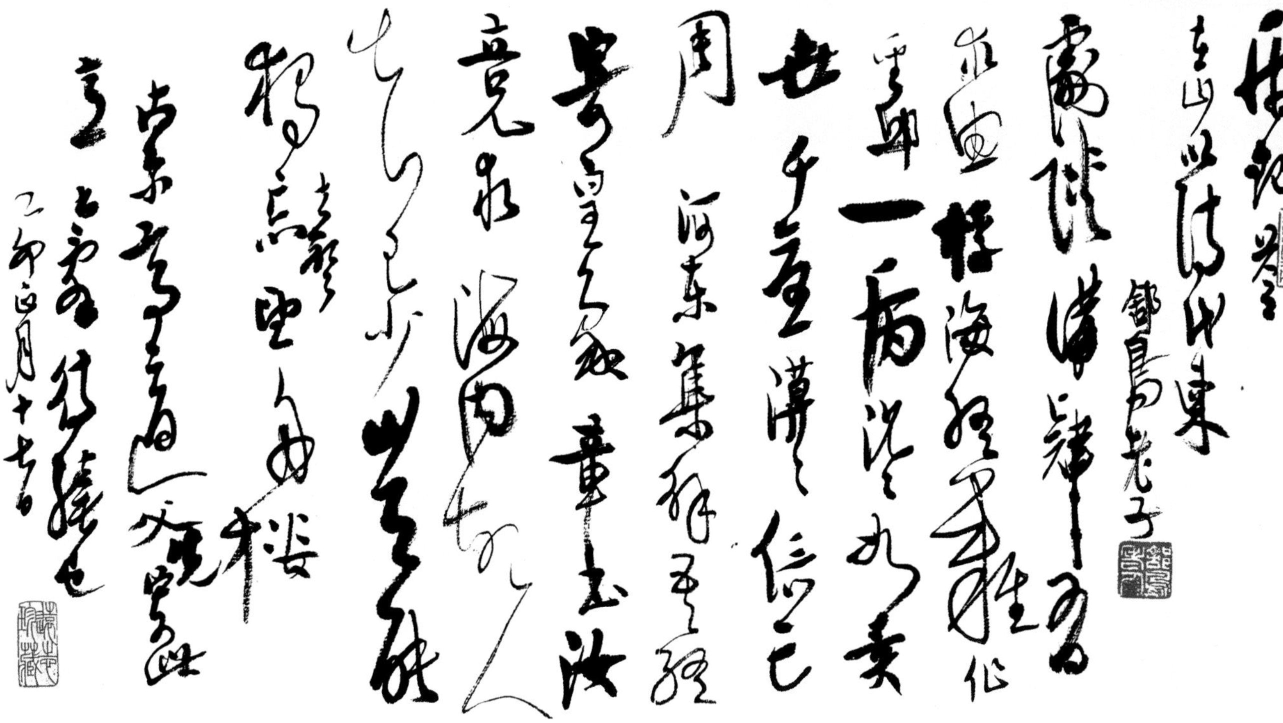

草书《病起答在山诗》

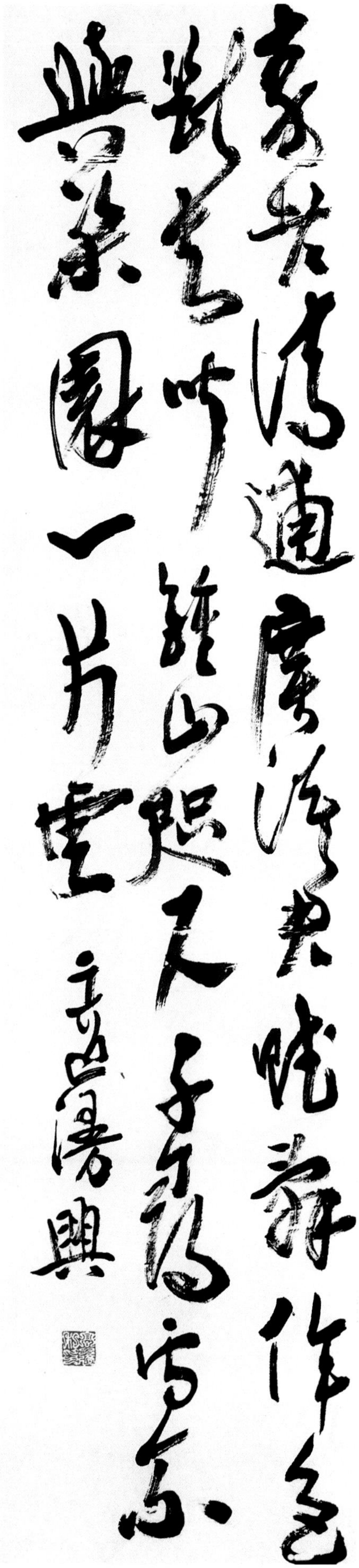

草书自作诗轴

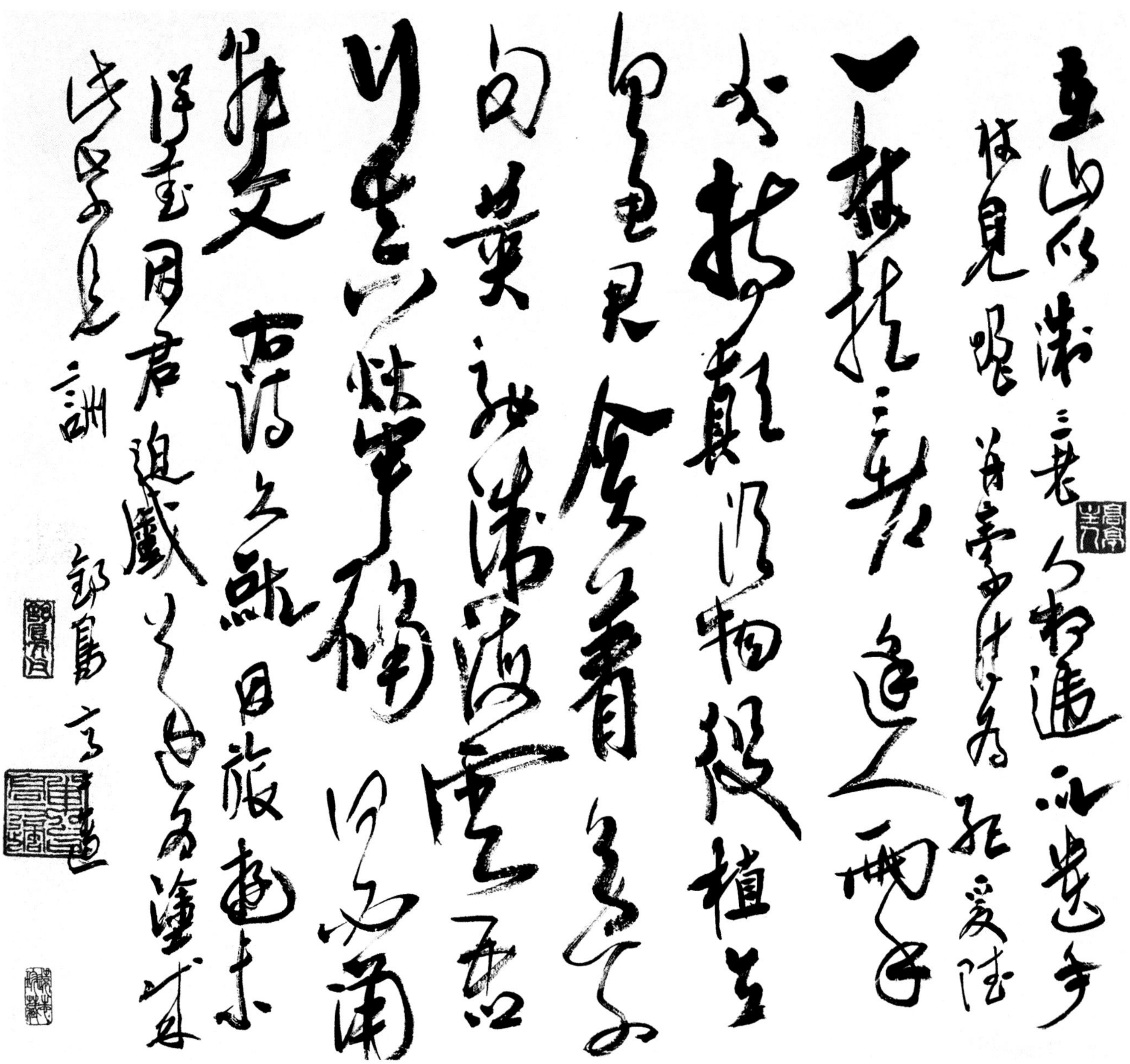

草书自作诗《酬在山》

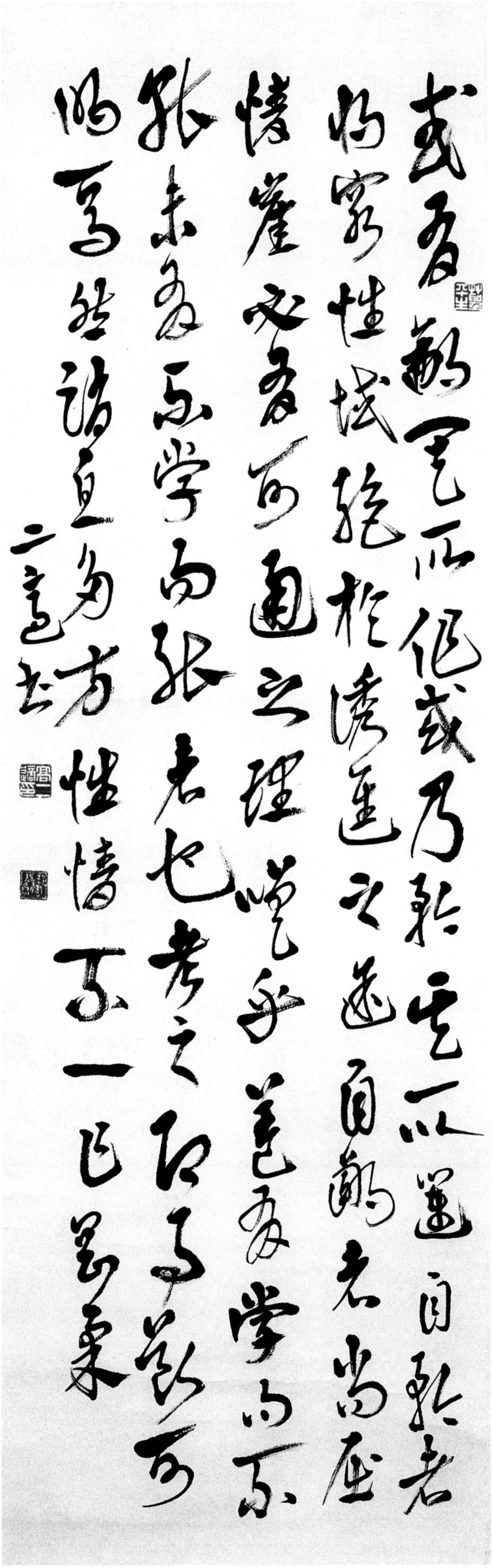

草书《书谱》句

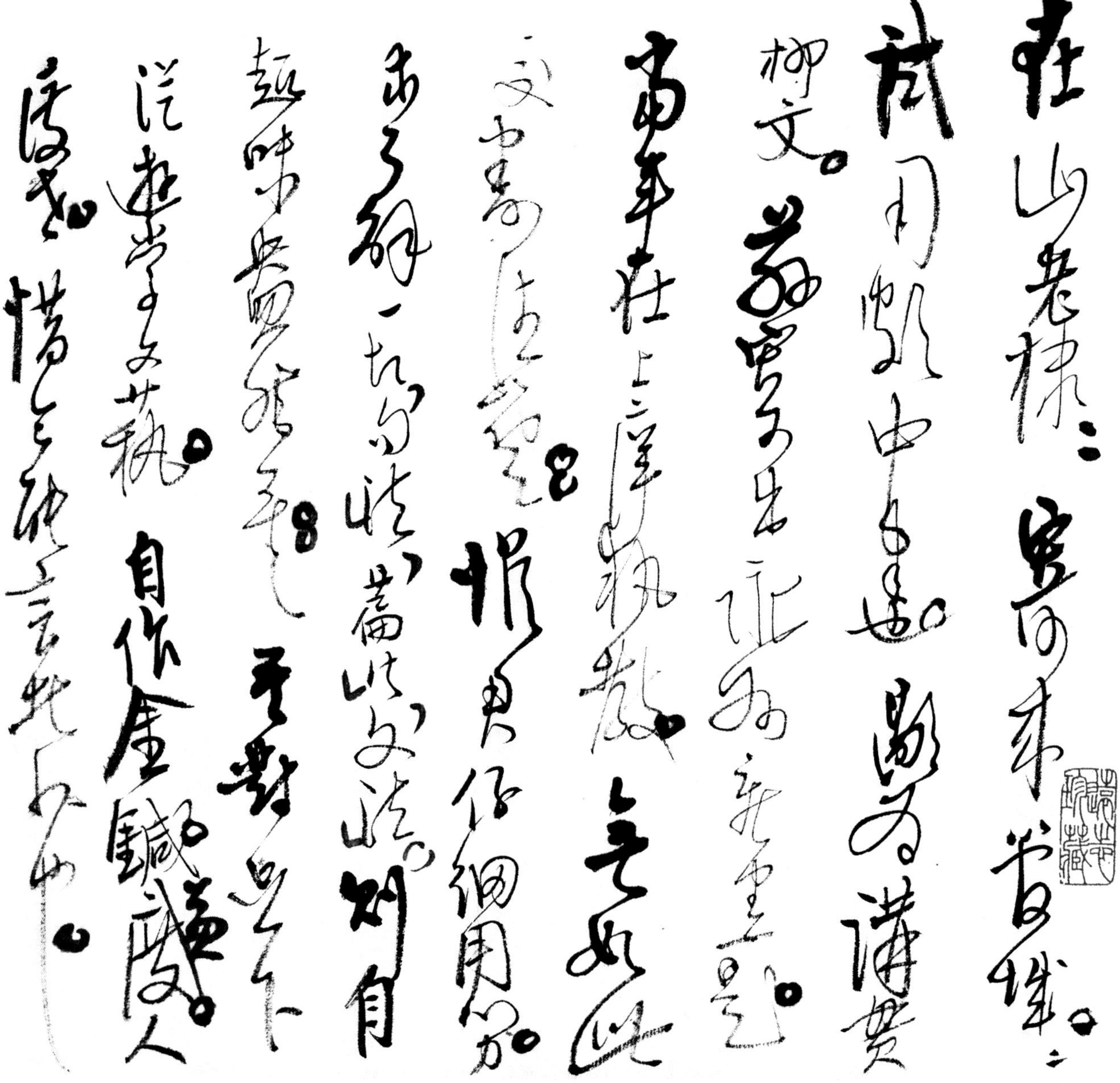

行草手札

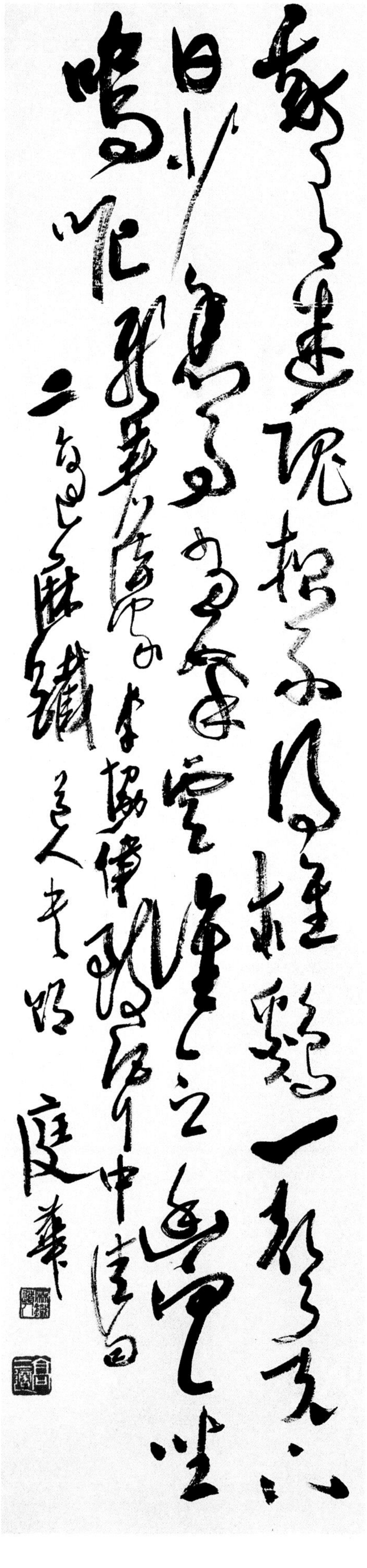

草书诗轴

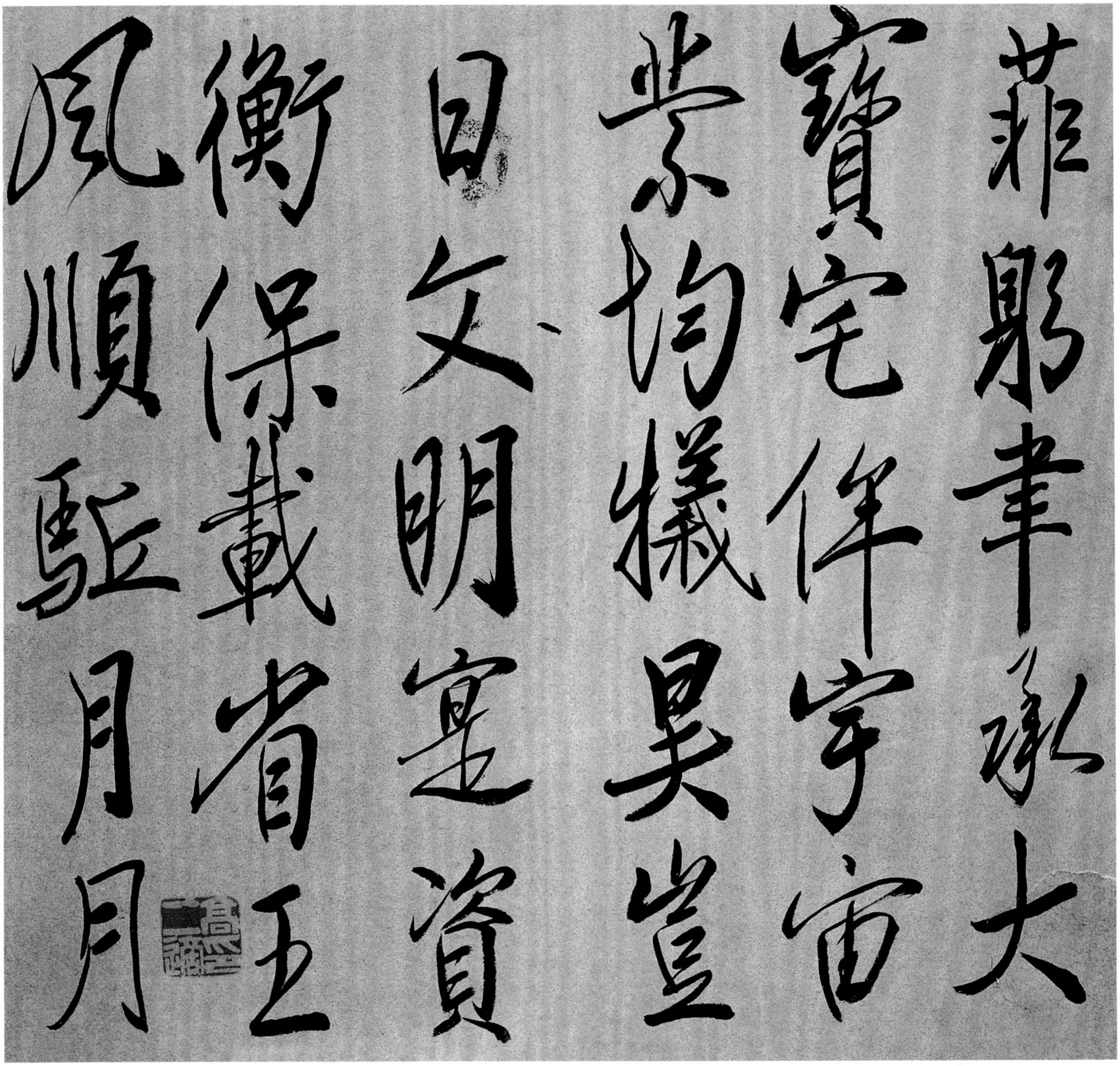

行楷册页